SHODENSHA
SHINSHO

古代史から読み解く「日本」のかたち

倉本一宏
里中満智子

はじめに――古(いにしえ)の時代に刺激を感じて

里中満智子

私は中学生の頃、学校の図書室にある歴史の本を読み尽くし、「歴史はこれで全部知った」という大いなる勘違いをしました。若くて、恥ずかしい思い出です。

たとえば、「大化改新(たいかのかいしん)」は天皇以上の権威を持とうとした蘇我(そが)氏の横暴に対して、天皇の権威を取り戻そうとした中大兄(なかのおおえ)皇子と、彼を支える良識派が立ち上がった改革――と「ある一面からの見方」だけを読んで「これが真実である」と思い込み、「わかった」と片づけていました。

しかし高校生になり、中学校よりも広く蔵書も多い図書室に行くと、同じ事例を取り上げた本が何冊もあります。しかも、それぞれの著者によって見方がすこしずつ違っている。最初は「どれが正しいのか?」と、とまどいました。「若さ」とは「正しい答えはひとつ」と信じ込んでしまうことを言うのでしょう。この世に「たったひとつの真実」は、数学の世界にしかないと知るには、私はまだまだ幼(おさな)かったのです。

やがて「そうか！　さまざまな解釈があるんだ」と気づき始め、「真実」に近づく楽しみが徐々にわかってきました。

とはいえ、真実を知ることだけが楽しいわけではありません。たとえば「邪馬台国（『やまとこく』とも）はどこか」については、さまざまな説が出てくれば出てくるほどわからなくなります（私だけでしょうか）。しかし、この「知りたい」とわくわくする気持ちそのものが、楽しいのです。古代史の面白さは、まさにそこにあります。好奇心だけでなく、想像力をも刺激してくれるのです。

そのような面白さに気づかせてくれるのは、専門家の熱意と努力の賜物である「説」の数々です。私のような古文書もまともに読めない素人は、学者の先生方が発表される説に触れて、ようやく「こうだったのかもしれない」「いや、そうとは言い切れない」など、さまざまな感想が生まれてきます（時に、作品を生むヒントもいただいています）。

本書で対談させていただいた倉本さんとは、これまでに何度もテレビの歴史番組などでお目にかかっており、その都度「へぇ〜!?」と、ときめく説を教えていただきました。今回もさまざまな新しい刺激があり、読者の皆さまより一足先に、その刺激を味わえて申し訳ない気持ちです。

どうか、私だけが「ずるい！」とならないように、皆さまも倉本説を楽しんでいただければ幸いです。そして是非、皆さんなりの解釈をしてみてください。そこから新たな世界が広がっていくはずですから。

二〇一八年四月

目次

第一章 この国の成り立ちを考える

第二章　天皇について考える

第三章　政治と権力闘争を考える

第四章 戦争と外交を考える

備後
安芸
広島
周防
長門
山口
筑前
筑後
福岡
豊前
豊後
大分
日向
宮崎
大隅
薩摩
鹿児島
肥後
熊本
肥前
佐賀
壱岐
対馬
長崎
出羽
陸奥
佐渡
能登
越後
加賀
越中
越前
飛騨
信濃
上野
下野
美濃
常陸
近江
甲斐
武蔵
尾張
下総
伊賀
三河
相模
上総
伊勢
遠江
駿河
伊豆
志摩
安房

図表1 律令制下の行政区画

国名	現・都府県
陸奥（むつ）	青森
	岩手
	宮城
	福島
出羽（でわ）	秋田
	山形
越後（えちご）	新潟
佐渡（さど）	
上野（こうずけ）	群馬
下野（しもつけ）	栃木
常陸（ひたち）	茨城
下総（しもうさ）	千葉
上総（かずさ）	
安房（あわ）	
武蔵（むさし）	埼玉
	東京
相模（さがみ）	神奈川
甲斐（かい）	山梨
信濃（しなの）	長野
伊豆（いず）	静岡
駿河（するが）	
遠江（とおとうみ）	
三河（みかわ）	愛知
尾張（おわり）	
美濃（みの）	岐阜
飛騨（ひだ）	
越中（えっちゅう）	富山
能登（のと）	石川
加賀（かが）	
越前（えちぜん）	福井
若狭（わかさ）	
近江（おうみ）	滋賀
伊勢（いせ）	三重
伊賀（いが）	
志摩（しま）	
紀伊（きい）	和歌山
大和（やまと）	奈良
山背（やましろ）（山城）	京都
丹後（たんご）	
丹波（たんば）	
但馬（たじま）	兵庫
淡路（あわじ）	
播磨（はりま）	
摂津（せっつ）	
和泉（いずみ）	大阪
河内（かわち）	
阿波（あわ）	徳島
土佐（とさ）	高知
伊予（いよ）	愛媛
讃岐（さぬき）	香川
備前（びぜん）	岡山
美作（みまさか）	
備中（びっちゅう）	
因幡（いなば）	鳥取
伯耆（ほうき）	
隠岐（おき）	島根
出雲（いずも）	
石見（いわみ）	

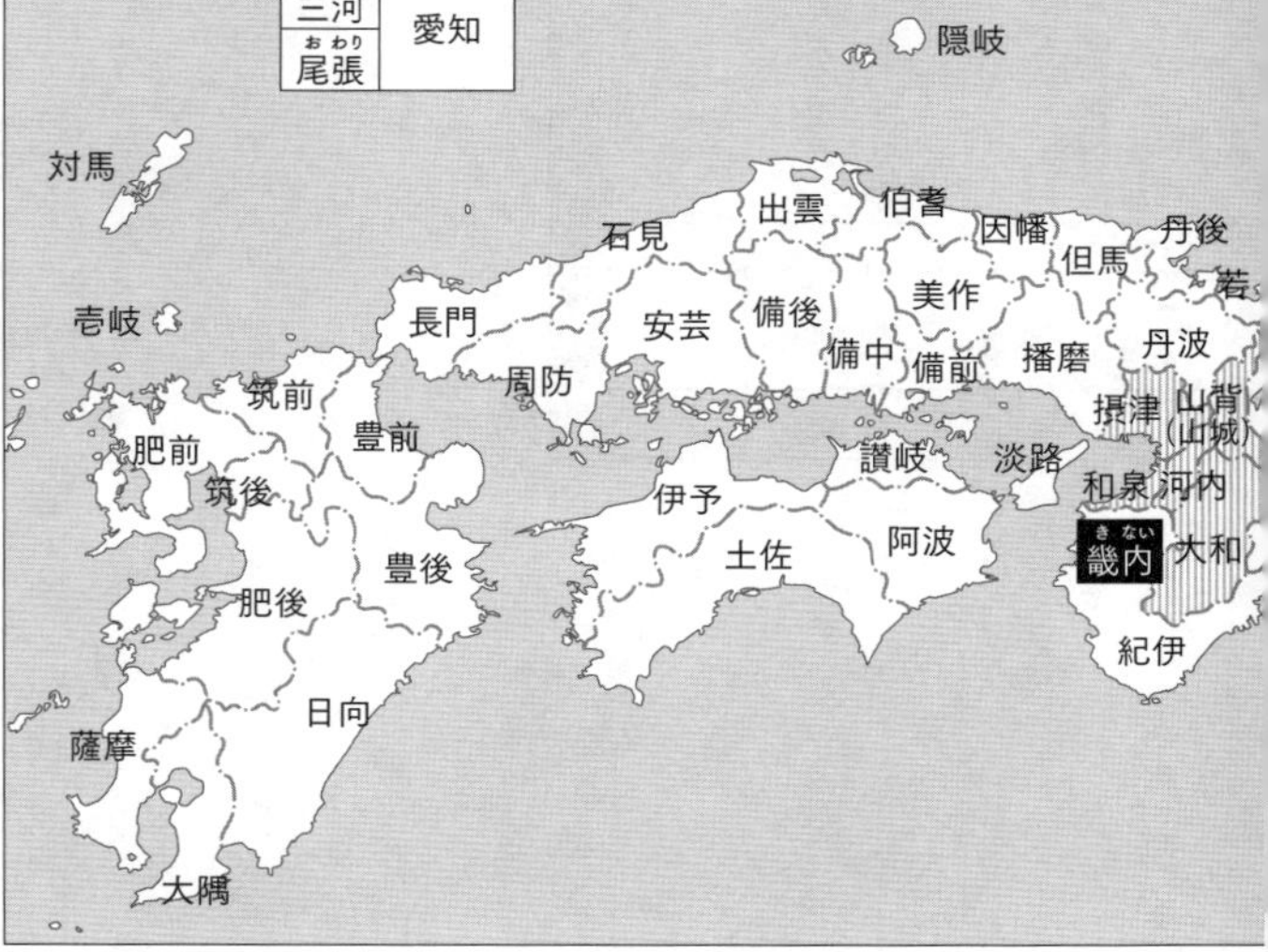

図表2 7〜8世紀の宮都

西暦	和暦	事項
587	用明2	蘇我馬子が物部守屋を滅ぼす
592	崇峻5	大王崇峻が暗殺される
		大王推古が即位
600	推古8	第一次遣隋使
603	11	冠位十二階の制定
607	15	第二次遣隋使(小野妹子ら)
618	26	隋の滅亡
643	皇極2	山背大兄王が自害(上宮王家の滅亡)
645	4	乙巳の変、蘇我本宗家の滅亡
	大化元	難波宮に遷都
649	5	天下立評
653	白雉4	大王孝徳と中大兄皇子が不和、皇子は飛鳥へ
654	5	大王孝徳が死去
655	斉明元	大王斉明が即位(重祚)

中国	隋(587〜618)
朝鮮	新羅 百済 高句麗

図表3 関連年表

西暦	年号	出来事
659	5	第四次遣唐使(伊吉博徳ら)
660	6	百済の滅亡
661	7	大王斉明が筑紫で死去
663	天智2	白村江の戦い
667	6	近江大津宮に遷都
668	7	大王天智が即位
		高句麗の滅亡
669	8	中臣鎌足が藤原姓と大織冠を拝受
670	9	庚午年籍の完成
671	10	大友皇子が初の太政大臣になる
		大王天智が死去
672	天武元	壬申の乱
673	2	天武天皇が即位
686	朱鳥元	天武天皇が崩御
689	持統3	飛鳥浄御原令の完成
690	4	持統天皇が即位
		則天武后が即位、国号を周とする
694	8	藤原京に遷都
697	文武元	文武天皇が即位
698	2	藤原氏と中臣氏の分離
701	大宝元	大宝律令の完成、「日本」国号の成立
702	2	第八次遣唐使(粟田真人ら)
		持統天皇の行幸(伊勢ほか)
		持統天皇が崩御
705	慶雲2	則天武后が退位、唐の復活
707	4	元明天皇が即位
710	和銅3	平城京に遷都
715	霊亀元	元正天皇が即位
720	養老4	『日本書紀』の完成

唐 (659〜690) → 周 (690〜705) → 唐 (705〜720)

新羅 高句麗 (660〜668) → 新羅 (668〜720)

付記 天皇という称号の成立を天武朝と考える著者の意向により、天智以前は「大王」、天武以降は「天皇」、大王のキサキを「大后」、天皇の正妃を「皇后」と表記しています。また、王族および皇族の称号は、大宝律令成立以前は「皇子」「皇女」、以降は天皇の子と兄弟姉妹を「親王」「内親王」、その他を「王」「女王」と表記しています。

本文デザイン 盛川和洋
編集協力 瀧井宏臣
取材協力 朝日カルチャーセンター横浜
栄中日文化センター
写真提供 倉本一宏
イラスト提供 里中満智子
図表作成 篠 宏行

第一章

この国の成り立ちを考える

私の作品の根幹にあるもの――里中

日本の古代に興味を持ったきっかけは、『万葉集』でした。

古代の日本人の心の有り様が知りたくて、当時の人たちがどのような気持ちだったのかという想像から入っていったのです。学ぶうちに、当時の社会や人間関係などがわかってきましたが、最初はよくわからず、とまどいもありました。

私が十代の頃、戦国時代や幕末を題材にした物語はたくさんあり、多くの人たちが慣れ親しんでいましたが、古代の日本や日本人に興味を持っている人は少なかったように思います。コミックはもちろん、小説、映画、テレビドラマもそうでした。

この状況は漫画家になってからも変わらず、一握りの人しか古代史に興味を持っていませんでした。馴染みがある物語ならば感情移入ができ、その時代の人たちの考え方や行動を理解できます。しかし、古代を扱った作品には馴染みのあるものが少なく、残念でなりませんでした。

戦国時代や幕末、明治から昭和戦前までは男性の視点で語られがちですが、古代史は女性の視点でも十分に語ることができます。飛鳥・奈良・平安時代には、女性天皇が何人もいて、男性に負けない仕事をしていました。

　そのような時代を忘れてしまうと、日本の女性はずっと大人しく耐え忍んで生きてきた、あるいは虐げられて生きてきたと誤解してしまいがちです。ですから、先入観を持たずに男性と女性の関わりを考えたいという願望があったのです。

　そういうわけで、若い頃から日本の古代について勉強してきました。でも、独学で古文書を読むのは難しく、夢に漢文が出てきて魘されたこともあります。とにかく、専門家が書いた本や論文を読み漁り、自分なりに考えました。そして、新しい研究成果が発表されると、そこに縋ってというか、自分なりの想像や考えをくっつけて物語を作ってきたわけです。

　漫画家という職業は非常に自由であり、無責任な立場でもありますが、古代の物語を描いてよかったと思うのは、昔からある日本人の資質や価値観、規範など「ああ、これが日本人なのだ」ということに数多く気づかされたことです。そのひとつが、男女の差があまりないこと。前述の女性天皇の存在に代表されるように、飛鳥・奈良時代に限れば、女性は公的な立場で仕事をしていて、財産も所有していました。

これは、すばらしいことです。同時代の世界のどこを見ても、これほど女性が認められている国はなかったでしょう。

古代史観と言うほど大げさなものではありませんが、日本の古代をどう見るかと問われれば、男性も女性も豊かな感情を持ち、与えられた仕事に一生懸命はげんでいた時代だったと言うことができます。しかも、その感情は現代の日本人とそう変わらない。古代もさまざまな事件が起きましたが、それらへの対処を見ると、現代人と同じようなことで悩み、苦しみ、喜んだと思えるのです。

昔と今は違うと決めつけてしまうことは、私たちの考え方を狭くするだけです。これを念頭に置いて、古代の日本人たちの感情に近づきたいし、日々、勉強を重ねていきたいと思っています。そのためにも、倉本さんのような専門家には、どんどん論文を発表し、本を書いていただきたいのです。

日本には、古代も中世もなかった――倉本

私事で恐縮ですが、一九七八年に大学に入学した時は、日本史のなかでも中世史を学ぼ

う と思っていました。東京大学の文科Ⅲ類では一年次からゼミ（ゼミナール）、つまり少人数の学生が教授を囲んで学ぶスタイルの授業があるのですが、中世史の故・義江彰夫先生（東京大学名誉教授。以下、肩書きは二〇一八年四月時点）のゼミに入ろうと教室に行ったら、教室が学生でいっぱいで入れませんでした。

次に古代史の笹山晴生先生（東京大学名誉教授）のゼミに行くと、まだ空席がありましたので、そのまま受講しました。中世史を学ぶには、まず古代史を学ぶのがいいだろうと考えて古代史から入ったのですが、いまだに平安時代から先に進んでいないというのが実情です。

ところで、われわれはあたりまえのように「古代」という言葉を使っていますが、古代とはどのような時代を指すのかを考えたことがあるでしょうか。

実は、古代の日本でも「古代」という言葉が使われていました。『更級日記』に、「自分の母親は古代の人だから、娘があちこち出歩くのを嫌がる」というくだりがあります。ここで使われている古代は「昔風の」という意味でしょう。また、古代には「近世」「近代」という言葉がありましたが、「中世」という言葉はありませんでした。

歴史学者の間で古代と言うと、ドイツの経済学者で哲学者でもあるカール・マルクスが唱えた相対的奴隷制による「帝国の時代」を想起する人が多いのですが、ローマ帝国や中国の古代帝国のような国家は、日本では一度もできたことがありません。

私が所属している国際日本文化研究センター（日文研）の井上章一さん（同センター教授）は、その著作『日本に古代はあったのか』において、「日本には古代はなかった」と主張しています。マルクスの定義からすれば、確かに日本には古代はなかったのです。では、中世はどうでしょう。厳密に言うと、日本には中世もありませんでした。

つまり、古代・中世・近世・近代という枠組みは、ヨーロッパや中国の時代区分であり、それを明治時代の歴史学者が無理矢理、日本にあてはめたものなのです。それも、日本がヨーロッパ諸国のような帝国主義国家になることを前提にあてはめたものですから、現代の研究者がその考えに囚われる必要はまったくありません。だから、「古代」と言わず、「古い時代」と言えばよいのです。あるいは、「飛鳥時代」「奈良時代」と言えばよい。

では、歴史学者がいまだに古代という言葉を使っているのはなぜか。

それは、そのような区分があると、大学の講義や学会での発表に便利だからです。学者や学生たちが右往左往しないための区分でしかないのです。

ちなみに、中国の歴史は古代・中世・近代と区分されていますが、京都（主に京都大学系の学者）では中国の古代は漢、すなわち前漢と後漢を指すのに対し、東京（主に東京大学系の学者）では隋と唐までを指します。日本の歴史についても同様で、京都では日本の古代は平安時代中頃までを指すのに対し、五味文彦先生（東京大学名誉教授）や私は、鎌倉時代の承久の乱あたりまでを古代と見ています。

つまり、時代区分というのはきわめて曖昧で、学者の都合で決まっているだけでなく、学会によっても区分が異なるわけです。

よく雑誌などで、「昔の日本人から学ぶ」といった特集が組まれますが、昔の流儀を今の企業経営や人間の生き方に活かせるかと言えば、ほとんど活かせないと私は思います。人間は過去から、ほとんど学んでいない。「歴史は繰り返す」と言いますが、要するにそれは、同じ過ちを繰り返しているという意味です。国の長い歴史でも、人間の短い一生でも、そうだと思います。

だから、歴史を学ぶ意味があるとすれば、人間が過去から学ばず、同じ過ちを繰り返す愚かな存在であることを知ることにこそ、存在するのです。人間の愚かさを知っている人は、知らない人とまったく違う人生を生きることができる可能性があります。人間が何度でもまちがえることを知っている人は、何も知らない人より賢いと言えるのです。

古代における先進国の条件——里中

日本という国は、大宝元（七〇一）年に律令制が整い、国の礎ができました。また、翌大宝二（七〇二）年の遣唐使の再開が、日本の歴史に大きな影響をおよぼしています。

律令制は中国の制度で、社会のしくみを作るうえで有効と考えられたシステムです。現代の日本は法治国家で、憲法のもと、細分化された法律が定められていますが、そのような法律をザックリとまとめたものが律令です。刑法、民法はもちろん、税制から役所の機能を定めたものまで含まれています。

このような律令制を持った国が、古代における先進国であったのです。

私と同世代の日本人は戦後、「日本は民主主義の社会である」という教育を受けてきました。民主主義について、その細かいしくみまで深く理解したわけではないけれども、民主という言葉から「民が主であることが大事だ」と受け止め、それが基本と思ってきたわけです。

それと同じように、日本が当時、東アジアで先進国になろうとした時、律令制はどうしても必要な制度であり、だからこそ必死になって採り入れたのでしょう。先進国として認められなければ、中国の一部であると認識されてしまう危険もありました。これは当時の日本人に聞いたわけでも、タイムトラベルして確かめたわけでもありませんが、雰囲気としてはそうだったと思います。

古代の日本は、常に外からどのように見られているか、どう振る舞えば先進国として認めてもらえるかを考え、中国に支配されずに生き延びる道を模索していたのです。

遣唐使を再開した背景には、天智二（六六三）年の白村江の戦いの敗戦がありました。敗戦後は、唐・新羅の軍勢がいつ日本に攻め込んでくるかわからず、とにかく必死で内政を固めます。そして、律令制を整備してようやく、ひとつの国家として外に向けてモノが言える体制が整い、遣唐使を再開したのです。

遣唐使のなかに、粟田真人という人物がいます。真人は少年時代、留学僧として中国に渡りました。あまりの美少年ぶりに、中国の女性たちからキャーキャー言われたことが記録に残っています。

国の代表として派遣されるわけですから、使節のメンバーは人柄や教養はもとより、覚悟のほども重要です。さらに「外見が中身を表わす」という中国的な考え方から、見かけも重視されたのです。ですから、実力が同じ程度ならイケメンが派遣されたのではないかと推測しています。イケメンだと思うと、作品を描くうえでも前向きになれます。

古代の権力者は、自分の力を誇示するために民を酷使して立派な都を造営した——などとよく言われますが、私は否定的です。まるでガキ大将のような者が長く居座れるはずがありません。小学生のガキ大将ですら、ここは威張ったほうがいいか、懐の深いところを見せて同級生たちの尊敬を勝ち取ったほうがいいかを考えるのですから。

大王天智から天武天皇、持統天皇の時代、権威と権力が重なっていたため、民に無理を強いることもあったと思います。しかし、日本を先進国として認めてもらうために、律令制を整えること、都を作ること、歴史書を編纂することの「先進国三点セット」を断行したのです。

このなかで歴史書、つまり『古事記』『日本書紀』については、天皇家に都合のいいことばかり書いてあって、事実であるか疑わしいと言われます。確かに、権力者が歴史を好き勝手に捏造したり、改竄したりしているほうが、話としては面白いですが、それほど簡単なものではありません。事実を歪めて書けば、社会的な信用をなくすだけでなく、自分の立場も危うくなるからです。

ですから、当時の日本人たちは、英知を結集して歴史書を編纂したに違いありません。特に『日本書紀』は、長い歴史を持っている中国に対して、日本もこれだけ長い歴史があり、大昔から独立国として存在していたと主張するための根拠として編纂されたのでしょう。

「にほん」か、「にっぽん」か——倉本

大宝二（七〇二）年の遣唐使は、画期的な事業でした。

白村江の戦いのあと、倭国と唐との間で何度かやりとりはあったのですが、正式な使節

としては天智八（六六九）年以来、三三年ぶりのことでした。律令制を作った際にモデルにしたのが唐の律令だったにもかかわらず、唐とは国交が途絶えていたのです。

『続日本紀』によれば、大宝元（七〇一）年の正月一日に朝賀（天皇が大極殿で臣下から祝賀を受ける儀式）が行なわれたことについて、「文物の儀、ここに備われり」と記されています。この文物とは何を指しているのか。

藤原京（現・奈良県橿原市および高市郡明日香村）はすでに完成しており、含まれないでしょう。ひとつは完成した大宝律令だと思いますが、もうひとつ大事なモニュメントとして挙げられるのが、新羅からの使いです。天皇の御前に新羅の使者を控えさせ、天皇が朝賀を受けたのですが、これが日本という国家の開国宣言でした。そして、翌年に遣唐使が派遣されます。

研究者によって説が分かれてはいるものの、この時の遣唐使が何を持参し、何を持参しなかったかという点は重要なポイントです。まずは報告すべきものを挙げてみます。

報告すべきことの第一に、国号があります。「日本」という国号は、大宝元（七〇一）年に定まっていました。

『万葉集』に、山上憶良が詠んだ次の歌があります。

いざ子ども　早く日本へ　大伴の　御津の浜松　待ち恋ひぬらむ

（さあ皆の者、早く大和の国へ帰ろう。大伴の御津の浜松が、待ちわびているだろう。

※口語訳は『万葉集㈠』〈佐竹昭弘ほか校注、岩波文庫〉より転載、以下同様）

『万葉集』巻一63

ここに出てくる「日本」を、『万葉集』を研究している国文学者たちは「やまと」と訓読しています。これについて、故・吉田孝先生（青山学院大学名誉教授）は、著書『日本の誕生』のなかで、「それでは憶良がかわいそうだ」と嘆いています。なぜなら「この歌は、中国に対してはじめて『日本』の国号を称し、認めてもらうことに成功した遣唐使の一行が、帰国を前にして開いた宴席でうたわれたと推定されるから」です。

これは「にっぽん」と読むべきでしょう。現在、日本人の多くは「にほん」と「にっぽん」のどちらも使っていますが、正しくは「にっぽん」です。ところが、かなりのちまで仮名には「っ」や「゜」がなかったものですから、「にほん」と書いて、「にっぽん」と発音していました。後世の人が、正しい発音を知らずに、誤って「にほん」をそのまま「にほん」と読んでしまったために、誤った読み方が広がってしまったのです。

国号の混在——里中

日本の国名は英語で「ジャパン」ですが、もともとは「ジパング」と言われていました。日本語では、倉本さんが指摘するように「にっぽん」と言われていました。あるいは、「じっぽん」という説もあります。これを外国人が耳で「ジパング」と聞き取り、それが「ジャパン」になったとするものです。

近世以後、「にほん」と呼ばれるようになったわけですが、本来は「にっぽん」だったと言われると、何となく納得するのです。なぜなら、「にっぽん」というのは非常に歯切れのいい音だからです。なかなかいい国名ではないかと思います。

ところが、日本人ですら、どちらの読み方が正しいのか、わかっていません。公的機関の名称にしてもバラバラで、「にほん○○」という名前がたくさんあります。

倉本さんの所属する国際日本文化研究センターは「にほん」と読み、『日本研究』という雑誌を出されています。日本銀行は「にほんぎんこう」か「にっぽんぎんこう」かわかりづらいですが、お札にはローマ字で「にっぽんぎんこう」と書いてあります。

「国の正式名称が何か」などということは、民衆が日常生活を送るうえであまり意味のないことです。「外国が自分たちをどう見ているか」もさほど気にならないでしょう。ですから、当時の人たちも新しい国号を知って「へぇー」と思ったかもしれませんが、多くは大して意識していなかったと思うのです。むしろ、自分や自分の家族が住んでいる地域や周辺の地域の名前のほうが重要でした。

養老四（七二〇）年に完成した『日本書紀』は、もともと『日本紀』という名称でしたが、要するに外交上、必要だからまとめられたのです。奈良時代から平安時代にかけて編纂された六国史（『日本書紀』『続日本紀』『日本後紀』『続日本後紀』『日本文徳天皇実録』『日本三代実録』）。これらの歴史書には「日本」という国名がついていますが、民衆はピンとこなかったはずです。

私たちは住所を書く時に日本国から書きませんし、郵便番号を書く時は都道府県すら書きません。当時の人たちの感覚もおそらく、その程度のものでした。

倭国から日本国へ——倉本

律令制で国境が定められたのが、天武十四（六八五）年頃です。ここで言う国とは、日本国ではなく武蔵国や相模国のことです。

それまで、民衆が意識していた世界は多磨、豊島、荏原といった郡あるいは、もっと小さな地域でしたが、律令制によって、ようやく自分の住んでいる国が認識できたのです。だから、ほとんどの民衆は日本国を全体として意識することはなく、日本国という観念は外交上の要請、あるいは国史編纂上の要請から作られたと思います。

日本の国号にはいくつかの謎がありますが、そのひとつが「日本」と呼ばれる前の「倭」という国号です。この国号は奴国が後漢と外交を行なっていた一世紀頃から使われていましたが、なぜ奴国の人たちはその名前を素直に受け入れたのか。

倭とは「小さい」あるいは「従順」という意味で、あまりよい言葉とは言えません。当時、渡来人が数多く来ていたので、この言葉の意味は知っていたはずです。にもかかわらず、大宝元（七〇一）年まで六〇〇年以上、倭という国号を使っていました。しかも、倭の五王（讃、珍、済、興、武）は、倭を自分の姓にしていたのです。

いつから日本という国号になったかについても、諸説があります。

二〇一一年、中国の西安市で「禰軍墓誌」が見つかり、日本という国号はかなり昔から使われていたという説が浮上しました。これは、天智四（六六五）年に唐の使者として来た百済人・禰軍の墓石を写し取ったとされる拓本で、そこに「日本」という記述があるのです。しかし私は、ここに記された日本という語は、日本列島を指したものではないと考えています。

よく言われるのが、日出る処だから日の本であるという説です。ただし、日本と表記されていても「やまと」という訓で読んだ人も多く、「にっぽん」と読んだ人がどれぐらいいたかは定かでありません。

中国側は、倭国と日本国は別の国として認識していました。それは、ふたつの国が並んで記された地図があることからわかります。日本の室町時代にあたる時期に作られた中国の地図には、倭国、日本国、蝦夷国の三つの島が書かれています。おそらく九州が倭国、本州が日本国、その北に蝦夷国があると見ていたのでしょう。

だから、当時の日本を考える時、日本列島全体を意識していた人がどれぐらいいたかということを踏まえて議論する必要があります。

中国側の日本観がよく表われているのが、粟田真人らが遣唐使として行った時の『旧唐書』です。

粟田真人らが着いた時、中国は唐でなく周になっていました。いっぽう、周側は倭国の使者が来たと思ったら、日本国だと言い張るので、国の名前がなぜ変わったかについて、おたがいに問答しています。その際、粟田真人らは「倭国は字の意味がよくないので日本に変えた」と中国側に説明しているので、これが正式な理由だと思います。

しかし、いつから「にっぽん」と言い出したかはわかりません。法律に定められたのは大宝律令が最初と考えていますが、文書を書いたり読んだりする人以外は、「やまと」と言っていた可能性もあります。もしかしたら「わ」と読んでいた人もいたかもしれません。

国史を持つことの意味――倉本

遣唐使が報告すべき第二は、天皇という君主号です。

これは、天武天皇がはじめて称したものですが、法制化されたのは持統天皇の代の飛鳥浄御原令と推測されます。しかし、天武天皇が即位して以後、遣唐使が派遣されていなかったので、おそらく周は知らなかったでしょう。

第三は、大宝という元号です。これは次項で詳しく述べます。

第四は律令、すなわち大宝律令です。中国の歴史を見ると、行政法である令よりも、刑法である律の格式が高く、重要な法律です。したがって、中国では律だけ残り、令が残らなかったのですが、日本では逆に律が残らず、令だけが残っています。ちなみに、天智朝（天智七〔六六八〕～同十〔六七一〕年）の近江令はなかったという説が有力です。そうだとすれば、飛鳥浄御原令が最初の令ということになります。

第五は都城、すなわち藤原京です。都城は君主が住む宮殿があるだけでなく、貴族たちが住むところでもありました。貴族たちが自らの本拠地から切り離されて都城に住み、官僚になることを意味するので、重要なポイントなのです。

第六は歴史書ですが、国史『日本書紀』と地誌『風土記(ふどき)』はまだできていませんので、遣唐使は持参していません。

国史とは国の歴史という意味ではなく、国家の正式な歴史書、つまり正史を意味します。そして、最初の国史が『日本書紀』です。国史がなぜ重要かというと、遣唐使が唐に行った際、必ず皇帝から国の歴史を問われるからです。おそらく遣隋使(けんずいし)や初期の遣唐使は、問われても答えられなかったでしょう。

私たち研究者は『日本書紀』を歴史史料として扱っていますが、奈良時代の貴族たちにとっては朝廷が定めた正史、つまり政府による公式見解ですから、これに逆(さか)らうことはもちろん、疑問を持つことさえできなかったと思われます。

地理について、当時の日本人は日本列島がどれほどの大きさか知らなかったと思います。正確に認識できていたのは、おそらく関東地方ぐらいまで。東北地方があり、その先に陸地があることは知っていた可能性がありますが、その陸地がのちに北海道と呼ばれる島であることはわかっていませんでした。

だから、大宝の遣唐使が帰国してから、慌(あわ)てて『風土記』の編纂に取りかかったのです。和銅六（七一三）年のことでした。

時間の支配者——倉本

日本人の多くは、最初の元号は大化と思っています。教科書にはそのように書かれていますし、学校でそう教わっているからです。

しかし、大化・白雉・朱鳥という元号は、『日本書紀』にしか出てきません。他の史料にはいっさい書かれていないのです。大宝元年より以前の木簡（文字を記した木札）を見ると、どれも干支（十干＝甲、乙、丙、丁、戊、己、庚、辛、壬、癸と十二支＝子、丑、寅、卯、辰、巳、午、未、申、酉、戌、亥による六〇の組み合わせ）で記載されています。これらの事実からすると、大化や白雉といった元号は、実際にはなかったものと考えざるを得ません。

つまり、最初の元号は大宝なのです。大宝は大化から五六年しか下っていませんから、教科書にもそのように書けばいいのですが、文部科学省は最初の元号は大化だと主張しており、そう書かないと検定を通らないのです。

日本がなぜ元号を持ち得たのか――。この問いは考察に値します。

日本という国家が成立した時から元号を持ったわけですが、これは中国に知られたらまずいことでした。なぜなら、天下の時間を支配しているのは中国の皇帝であり、それを侵す者は皇帝への反逆と見なされるからです。

にもかかわらず、日本があえて元号を持ったのは、天皇が日本国を統合している象徴として時間を支配していることを知らしめるためです。

独自の元号を持っている国家は、現在でも日本と中華民国（台湾）だけです。中華民国は一九一二年の辛亥革命からの年数で数えており、二〇一八年は民国（中華民国）一〇七年です。日本の場合は明治以降、天皇の代替わりごとに元号が変わります。すなわち、天皇が時間を支配することの象徴として元号が存在するわけです。

また、中国から離れているため、中国に知られずにすむだろうという読みがあったと思います。

元号は数年から十数年で変わるので、数えるのが大変です。干支だったら、六〇を掛ければよいので簡単に計算できますが、元号はそうはいきません。にもかかわらず、たとえば釈迦の死後一五〇〇年目（末法）をきちんと計算・把握できていたのですから、これはすごいことです。

アジアの周辺国は中国の元号だけでなく、中国の暦も使っていました。だから、暦に含まれている中国の祝祭日もそのまま受け入れていたのです。いっぽう、日本は大王天智の年忌法要などは暦に入れましたが、中国の大事な記念日をかなり無視していました。これも、発覚したら糾弾されたでしょう。

大宝という元号の制定には、律令の制定と同様に「日本がついに文明国になった」という実感がともなっていたと思います。大宝年間（七〇一〜七〇四年）には対馬から金が出たという報告があり、日本は金が産出するすごい国であると沸いたことでしょう。現代で言えば、一九六四年に東京オリンピックがアジアではじめて開かれたのに続いて、一九七〇年に万国博覧会が大阪で開催された時のように、国中が盛り上がるなかで元号も作られたのです。

ちなみに東京オリンピックの時、私は新幹線に乗って東京に行きました。通っていた小学校では教職員も含めて最初に新幹線に乗った人間だったので、学校中から乗り心地を聞かれて、まるで英雄のような扱いだったことを記憶しています。

律令が制定された大宝は、まさにそのような高揚感が溢れた時代だったのです。

超大国・唐との対峙——里中

遣唐使が再開された時、朝廷ではどのような雰囲気だったのでしょうか。『日本書紀』がまだできていないにもかかわらず、遣唐使の再開を決めてしまった時、リーダーたちはどう考えたのかを想像してみましょう。

唐は日本とは比べものにならない超大国で、遣唐使が何か生意気なことでも言うものなら、ペシャンコにされてしまうかもしれない恐怖がありました。周囲の国はすべて属国だと思っているのですから、相手が可愛げのあることを言っているうちはそれなりに扱い、持ってきた貢物に見合うものを手土産として持たせてくれました。このような振る舞いは、卑弥呼が女王だった時代から変わっていません。

どこでも、いつの時代でも他国に対してリーダーシップを保つのは大変なことで、現代でも「世界の警察官」を行なうには莫大な費用がかかります。それは当時も同じだったでしょう。いっぽうで、多少の費用がかかっても、リーダーシップを保とうとする大国の論理もあったわけです。

ところが、日本は大陸との間に海があったので、白村江の戦いであれだけ大敗してもすぐに攻められることはありませんでした。戦えば勝つとわかっていても、大量の兵士を派遣するには巨額の費用がかかりますし、戦争にともなう甚大な被害や損失を覚悟しなければなりません。

そのような唐側の事情を知ってか知らないでか、日本側はどこか呑気なところがありました。中国という帝国を怒らせないように配慮して国づくりを進めていたかどうか、怪しいところがたくさんあります。

たとえば、日本を含めた東アジア諸国は当時、中国が天文学の知識にもとづいて作った暦を使っていましたが、日本はその暦をアレンジして使うなど、かなり大胆なことをしているのです。

これまで攻め込まれたことがなかったので、「まあ大丈夫だろう」といった根拠のない自信や緩さは、遣唐使の悩みの種だったのではないでしょうか。彼らが唐に着いてから、知恵を働かさなければならなかったことがたくさんあったと思うのです。
相手から咎められないように天皇を「すめらみこと」という古来の読み方で表現するなど、臨機応変の対応を取るには、肝が据わった人間でないとできません。ですから、遣唐使には優秀な人材が選ばれたのです。

大宝二（七〇二）年の遣唐使のメンバーに、前述の山上憶良がいます。憶良は名門豪族の子弟ではなく、能力と努力で地位を摑んだ人でした。そして、そのような人にありがちな他人を見下すことなく、貧しい人の立場に立って「貧窮問答歌」を詠むなど、なかなか素敵な人だと思います。

『日本書紀』は大宝二年の時点でほとんどできていましたが、最後の確認や点検に時間がかかっていたため、「完成品」を唐に持って行くことはできませんでした。でも、国史がほぼ完成しているということは遣唐使にとって大きな自信になったと思います。

もし、国史について尋ねられたら、「今回は清書が間に合わず、持参できませんでしたが、次回はわが国の国史をお見せいたします」と胸を張って答えることができたからです。

遣唐使が持参したものと、しなかったもの――倉本

遣唐使が中国の王朝に報告する可能性があったものとして、国号、君主号、元号、律令、都城、歴史書を挙げましたが、このうち報告・持参しても差し支えなかったのはどれか、ここで検討してみることにします。

第一の国号は、問題ありません。日本という国号は中国の歴史書である『旧唐書』や『新唐書(しんとうじょ)』に記されているだけでなく、倭国という呼び名が嫌だったからとか、太陽が昇る国だからといった理由まで書いてあるからです。

第三の元号は、大宝元(七〇一)年に元号ができたので、翌年の遣唐使に持って行ったと思いがちですが、私の考えは「否(いな)」です。遣唐使は国号、元号、律令を報告したと主張する人がいますが、もし遣唐使が「大宝という元号を定めました」と報告したら、戦争になる危険性があったと思われます。

というのも、前述のように、時間を支配するのは中国の皇帝ひとりのみであり、勝手に元号など作ってはいけないからです。元号を定めるということは、その君主がその地域の時間を支配することであり、中国の皇帝の支配下から外れることを意味するのです。

第四の律令ですが、昔の歴史学者たちのなかにはロマンチストが結構いたので、律令を持って行ったと考えた人もいました。そのひとりが、故・青木和夫先生（お茶の水女子大学名誉教授）です。

少々脱線しますが、青木先生との出会いは、私が大学院に入った一九八三年です。非常勤講師として学部に教えに来られたのですが、受講生がひとりしかいなかったので、指導教官の笹山先生から「これでは申し訳ないから出てくれ」と言われ、講義に出席していました。

私を含めて三人で講義を受けましたが、この時の受講生が大津透さん（東京大学教授）と春名宏昭さん（法政大学講師）です。青木先生は講義後、私たちを飲みに連れて行くのが通例となりました。毎回ご馳走していただき、思いもよらず濃密なおつきあいになったのです。

その席で、青木先生は「七〇二年の遣唐使は律令を持って行った。日本という国号もお披露目し、自慢したのだ」と強く主張しました。この趣旨を詳しく書いた手紙を送ってきていただいたこともあります。奢っていただいた手前、青木先生がご存命の間は控えてきましたが、私の意見は「否」です。もし律令を持って行ったら、戦争になる可能性もあったと思います。

なぜなら、律令を作るのは天下の中心である中国だけであって、東夷の蕃国（野蛮な国）である日本が作ってはならないからです。だから、新羅は律令を作っていません。もし日本が法治国家を作りたければ、中国の許可を得て中国の律令をそのまま使うしか選択肢はなかったのです。

中国以外で律令を独自に作った国は、日本とベトナムだけです。ベトナムはずっとあとのことですが（十一世紀）、このことからだけでも、ベトナムがいかに先進国であったかがわかります。

第五の都城は、報告したかは微妙です。藤原京は中国の儒教経典『周礼』に記されている都城をモデルに造営されたもので、正四角形で広大な敷地の中央に藤原宮（現・奈良県橿原市）がありました。ところが、中国の都城は皇帝の宮殿が北の端にあり、南の臣下たちを見下ろす配置になっていました。ですから、遣唐使は当時の都・長安を見て驚いたのです。そして、遣唐使たちが帰国後、造り直したのが平城京（現・奈良県奈良市および大和郡山市）なのです。

遣唐使が気の毒だったのは、前述のように派遣先の唐が滅びて、周になっていたことです。しかし、ここが中国のすごいところですが、唐は滅びていたけれども、船が着いた場所から周の都まで遣唐使一行を連れていき、ちゃんと帰してくれました。王朝が替わっても機能する、中国の地方制度には感心せざるを得ません。

第六の歴史書は、前述のように国史『日本書紀』は未完成ですので持参していません。

問題は、第二の天皇です。これも「日本の君主は天皇です」と報告したら、下手をすると戦争になります。推古十五（六〇七）年の遣隋使の際、聖徳太子が手紙で「日出る処の天子、書を日没する処の天子に致す。恙なきや」と述べ、相当な顰蹙を買っていました。にもかかわらず、戦争にならなかったのは、隋が高句麗と戦争中で、日本にまで手が回らなかったからです。

大宝二（七〇二）年の遣唐使では、唐と新羅の戦争は終わっていましたから、唐は日本に攻め込んでくる危険性がありました。だから、遣唐使は天皇という漢字を書いて見せなかったと思います。では、どのように報告したか。

天皇という漢字は見せずに「すめらみこと」と読んで聞かせるのに留めたはずです。中国の歴史書には、「主明楽美御徳」という六文字の漢字で記されています。誰かの入れ知恵があったのか、遣唐使は苦肉の策で折り合いをつけたのです。

律令制は日本を悪くした⁉――倉本

律令制の導入は古代の日本にとって画期的であり、厩戸皇子（聖徳太子）から中大兄皇子（のちの天智天皇）、天武天皇、持統天皇、そして藤原不比等らが世代を超えて手がけた大事業でした。その後の日本の発展を願って律令制を作った、彼らリーダーたちの努力は大したものだと評価します。

しかし、はたして律令制の導入は本当にいい国を作ることにつながったのか。ここで改めて、律令制とは何か、を問いたいと思います。

それは、一言で言えば軍国体制のことです。だから、律令制国家というのは言い換えれば「軍事国家」と言ってよい。具体的には、律令制によって公地公民、つまり人々の土地が国家＝天皇の土地になり、戸籍を作ることで、租税の徴収や兵士の徴発が計画的にできるようになりました。

律令制の導入に着手した頃は、白村江の戦いで大敗し、唐が攻めてくるかもしれないという危機的な状況下でしたから、軍事国家化にも説得力がありました。あるいは、皇極四（六四五）年の乙巳の変（第三章で詳述）の時も、朝鮮半島で唐と高句麗が戦争をしており、中臣鎌子（鎌足の初名、のちの藤原鎌足）や中大兄皇子が、国際情勢に対応するために強い国家を目指したのは理解できます。

しかし、大宝二（七〇二）年の時点で北東アジアには戦争の危機は生じていませんでした。再び戦争の危機が到来するのは、八世紀中頃の唐における安史の乱や藤原仲麻呂（恵美押勝）による新羅征討計画まで下ります。

戦争に備えるために強い国づくりを目指したけれども、律令制の完成前に戦争の危機は去っていたわけです。目前の危機がないなら、路線を修正すべきだったのに、そのまま軍事国家化を進めたのはなぜか。もうすこし真っ当な国を作れば、農民たちがあれほど苦しまなくてすんだのではないか。

すべての農民が把握されて重い租税を課され、租税を納めるために、自ら都まで運ばなければなりませんでした。また、四人に一人が兵士に取られ、訓練を受けたあと、国を防衛するために九州に行かなければなりません（防人）。武装も移動もすべて自前です。その負担は過大で、農民たちは身を削って支払うか、逃散したかのどちらかだったと思います。おそらく日本史上もっとも重い租税と兵役であり、よく生きていたなと思うほどです。

歴史に「もし」はありませんが、蘇我入鹿がトップであったら、もうすこし現実的な国づくりをしていたのではないかと思うことがあります。蘇我入鹿は『日本書紀』では悪者扱いされていますが、実際には非常に有能な政治家だったからです。

中央と地方の差——里中

律令制については、中国のスタイルをそのまま使わなければ反乱と見なされるということもあったでしょうが、別の意味もあったと思うのです。

たとえば、日本が知恵を絞って作り上げた律令制を中国に持って行き、「日本はこのように、ちゃんとやっています」と言うと、中国側から「おまえの国はこのような中途半端で、穴だらけの律令でやっているのか」と呆れられる危惧があったかもしれない。そのように言われたくないというプライドがあったので、なかなか言えなかった面もあると想像しています。

朝廷にとって、地方は厄介なところばかりだったと思います。唐から馬鹿にされない近代国家になろうとして律令制や元号を制定し、大宝二(七〇二)年には度量衡(度=長さ、量=体積、衡=重さ)を統一したのに、「知らんよ、そんなもの」と言われて困ったのではないでしょうか。「なぜ、皆わかってくれないの」と。

東北地方では「ここは日本ではありません」と言う人もたくさんいたでしょう。南九州では養老四(七二〇)年、隼人の反乱も起きます。反乱を平定できないと、「これくらいの乱も抑えられないのか」と、政権基盤が危うくなりかねない。国を治めるというのは、本当に大変なことです。

国ができた瞬間から、国を守るためにやらなければならないことがたくさんある。民衆が「昔のムラ社会のほうがよかった」と思ったかどうかはわかりませんが、いつ何が起こるかわからないという危機感や不安感が拭えなかったことでしょう。

人類がこの身体を持って以来、自分で把握できる広さの感覚はそう変わりません。その範囲を超えるとピンとこないのです。お金にしても、自分が日常的に使う程度の金額までしかわからない。それと同じで、領土観についても「これは手に余る。えらいことになった」という感じがあったのではないでしょうか。

九州勢力vs.畿内勢力——倉本

倭国は、畿内（ウチツクニ）と吉備の連合王国でした。畿内とは都に近い地域、言うならばインナー・カントリーズです。のちの国名で示すと山背（山城）、大和、河内、摂津、和泉になります。吉備とは瀬戸内海北側の沿岸地域で、のちの国名では備前、備中、備後、美作が相当します。

律令国家が成立すると、畿内政権が畿外（トックニ＝外国）の勢力を支配するようになりました。つまり、中央が地方を支配する体制です。ですから、はじめから都と地方とでは大きな格差がありました。支配者層は畿内出身者に限られ、公民の税負担や兵役もまったく違います。畿内が優遇され、なかでも都の民がもっとも優遇されたわけです。

私が注目するのは九州です。はるか昔、倭国と言えば北部九州でした。邪馬台国を中心とする倭国連合がどのあたりまで支配していたかはさておき（邪馬台国については第四章で詳述）、大きな連合体が北部九州と畿内に並立しており、そのせめぎ合いのなかから畿内の勢力が北部九州を支配下に入れ、畿内を中心とする倭王権が成立しました。

しかし、北部九州の勢力は、畿内に対する反抗心や独立心を持ち続けました。邪馬台国連合と倭王権が戦ったとは思いませんが、六世紀になっても倭国が百済との外交を重視したのに対し、筑紫の豪族・磐井をはじめとした九州連合は新羅と連合しました。

倭国は「古墳を造ったら埴輪（素焼きの土製品）を葺け」と指示しているのに、九州連合は石人・石馬（石製の人物像・動物像）を置きました（写真1）。大王継体の時代に磐井の乱で磐井が負けても、倭国との対抗を続け、装飾古墳を造ったりしています。

このような対抗心がずっと続いていたからこそ、天平十二（七四〇）年に起きた藤原広嗣の乱で、九州の人たちが大勢呼応したのです。また、中世には九州武士団が形成されました。

こうして見てくると、日本の歴史のなかで、北部九州はひとつの独立した場所であり続

写真1 埴輪と石人・石馬

上から、五色塚古墳(4世紀末〜5世紀初頭築造の前方後円墳で被葬者不明、兵庫県神戸市)に葺かれた円筒埴輪(復元)、岩戸山古墳(6世紀前半築造の前方後円墳で筑紫の豪族・磐井の墓と伝わる、福岡県八女市)に置かれた石人・石馬(復元)

けました。大宰府は法制的にもひとつの朝廷であり、朝廷の福岡支店ではありません。弥生人が来るのも、渡来人が来るのも北部九州が最初であり、言わば超先進地帯ですから、中央に対して独立した一地方だったと思うのです。だから、後世に至るまでずっと、中央に対する独特の思いがあった。そのあたりはもっと解明しなければなりません。いっぽう、東北地方は九州とは別の意味で、中央と異なる地域として認識されていました。そして、中央に攻められて敗北し続けました。八世紀後半から九世紀はじめには坂上田村麻呂をはじめとする律令国家に、十二世紀には源頼朝をはじめとする鎌倉幕府に、十九世紀には西郷隆盛をはじめとする薩長（薩摩藩・長州藩）政府に敗れています。

韓国の場合、歴代大統領のほぼすべてが慶尚北道（旧・新羅地域）出身者で、全羅道（旧・百済地域）や慶尚南道（旧・加耶地域）は鉄道や道路などの公共投資も遅れています。つまり、中央王権が征服した地域は差別されているのです。

それに比べると、日本の東北地方は中央との戦争に三回も負けているにもかかわらず、新幹線も高速道路も整備されていますし、首相も何人も出ています（原子力発電所の多くが反薩長地域に作られているという記事を読んだ時は、ちょっと怖かったですが）。

蝦夷をどう扱うかについては、古代国家にとって大きな懸念のひとつでした。支配者層は蝦夷がどれだけいて、どれだけ強いかを把握できていませんでした。蝦夷の兵たちはゲリラ戦をしかけてきますし、乗馬に長け、馬上から弓を射るので恐ろしい存在だったと思います。

日本人の対外意識――倉本

時代が下り、平安時代には「王土王民思想」が生まれます。これは、すべての土地は王のものであり、そこに住むすべての民は王の支配を受けるべきであるとするものです。

また、遣唐使や遣新羅使による交流があった時代はおたがいの国情を知ることができましたが、これがなくなると「日本国だけが清らかで、その中心が天皇である。外国は穢れた国だ」という発想が出てきます。この発想がその後ずっと、日本人の外国人に対する感覚として流れているとすると、とても怖いと思います。

この発想は貴族だけのものではなく、都や地方の民衆にも浸透していきました。九州には元寇（文永十一〔一二七四〕年の文永の役、弘安四〔一二八一〕年の弘安の役）以後、「ムクリコクリ」という言葉ができました。子どもが泣いていると「ムクリコクリが来るぞ」と言って怖がらせて泣きやませたのです。ムクリコクリとは蒙古(もうこ)・高句麗のことで、「外国が攻めてくるぞ」というわけです。

この発想は疫病神(やくびょうがみ)とも結びつきました。外国から穢れや疫病(えきびょう)がやって来るという恐怖感が民衆にも浸透したのです。

やって来るのは主に西からですが、東から来ることもありました。たとえば『風土記』(現存は『常陸(ひたち)国風土記』『出雲(いずも)国風土記』『播磨(はりま)国風土記』『豊後(ぶんご)国風土記』『肥前(ひぜん)国風土記』の五書)には、漂流民がやって来たことが記されています。

『常陸国風土記』には大男・大女が漂着したという記述がありますが、これはおそらく水死体になって膨(ふく)れ上がった人間を指しているのでしょう。『今昔物語集(こんじゃくものがたりしゅう)』にも日本海沿岸への大男・大女の漂着が記されていますが、こちらはロシア人と推定されています。

このような記述が見られるということは、海の向こうから来るものへの恐怖心が民衆レベルにまで浸透した証(あかし)でしょう。

なぜ渡来人は住み着いたのか——里中

古代の日本では、平和な時代が続きました。日本人は気楽で呑気に暮らしていたと思います。その理由のひとつとして、食糧事情の豊かさがあったと思うのです。農業生産物で十分に食べていけたので、ガツガツしないですんだのでしょう。

倉本さんが指摘するように、律令制が導入されてから兵役が課され、税金もしっかりと徴収されるようになりました。男子であれば、六歳（数え年、以下同様）から徴税の頭数に入ります。それでも、日本が地理的に、あるいは気候的に恵まれていたことは確かです。

それは、渡来人たちが住み着いていることからも明らかです。百済や高句麗、新羅の人たちが、時には集団で渡って来ました。その人たちと敵対したり喧嘩したりすることも意外に少なかった。何よりも、渡来人があまり帰国しなかったことは、日本が住みやすかったことを示唆しています。

奈良時代には高句麗や新羅から来た人たちにも土地が与えられ、関東地方に住み着いたケースもあります。その子孫がいまだに集団で暮らしている地域もあります。

つまり、ほどほどに食糧があり、多くの日本人が生きていけただけでなく、海外から渡来してきた人たちも共存でき、子孫を作るだけのゆとりが日本の国土にはあったのです。

もちろん、豊かで恵まれた国というよい面ばかりに注目すると、自分たちの国を特別視して「われわれは選ばれた民である」と驕った考え方に傾く危険性もあります。その点は注意しなければなりませんが、私はどちらかというと楽天的な人間なので、日本のいいところを素直に受け取りたいと思っています。

第二章

天皇について考える

『天上の虹』の執筆理由――里中

鸕野皇女（鸕野讃良皇女とも、のちの持統天皇。イラスト1・左）を主人公にした『天上の虹』は二〇一五年に完結しましたが、足かけ三二年にわたって描き続けた私のライフワークです。

実は、『万葉集』の時代を描きたくて、誰を主人公にするか悩んでいました。確かに、額田女王は魅力的な女性ですが、多くの作家が作品として描き、小説や映画にもなっていました。できれば、誰も描いてない女性を主人公にしたい。とはいえ、その人生が歴史的にある程度明らかになっていて、『万葉集』の歌人たちと関わりのある女性がいい。そこから、若くして亡くなった人と、すでに人気のある人を除くと、まったく人気のない持統天皇が浮かび上がってきたのです。

日本人は権力を握ったまま、天寿を全うした人間が嫌いです。そして、反対に若くして亡くなったり、敵対勢力に殺されたりした悲劇のヒーローが好きです。

判官贔屓と言われるように、源頼朝と義経だったら、若くして亡くなった義経のほうが断然人気があります。頼朝の立場に立てば、義経は戦は知っているが政治は知らない、

イラスト1 持統天皇と天武天皇

翳（貴人の顔を隠す団扇）を持つ持統天皇（左）と天武天皇（右）。
いずれも『天上の虹』より　

任せておくと危なっかしいから排除してしまおうという政治家としての考えはよくわかります。しかし、多くの日本人はこのような見方をしません。

また、織田信長が長生きしていたら、これほどの人気はなかったでしょう。私は、信長を討ち取った明智光秀のほうが好きです。なぜなら、側室を持たず、天然痘により痘痕が残った妻ひとりを愛し抜いたからです。織田信長はいつ逆鱗に触れるかわからない恐ろしさがあって、一緒に暮らしたくないタイプです。でも、不慮の死を遂げたために、カリスマとなりました。

持統天皇は権力を握ったまま、当時としては長寿の五八歳で崩御しました。しかも、父親は大王天智、夫は天武天皇（61ページのイラスト1・右）、息子の妻が元明天皇（阿陪皇女）、孫が文武天皇（珂瑠王）と元正天皇（氷高皇女）と、栄耀栄華のなかを生きています（図表4）。

ですから、父親の七光あるいは夫の七光で即位した権力志向の女と見られやすいのですが、本当にそうでしょうか。

また、出来の悪い息子・草壁皇子を殺して帝位に即いたなどと、まるで則天武后（唐の第三代皇帝・高宗の皇后ながら、高宗死後に自分の子や弟を殺して自ら皇帝となり、国号を周と改めた。中国史上唯一の女帝）のように酷評されることもありますが、本当にそうでしょうか。

1皇極・3斉明

4天智（中大兄皇子）

伊賀采女宅子娘

大友皇子

葛野王

図表4 天皇(大王)家の系図(7～8世紀)

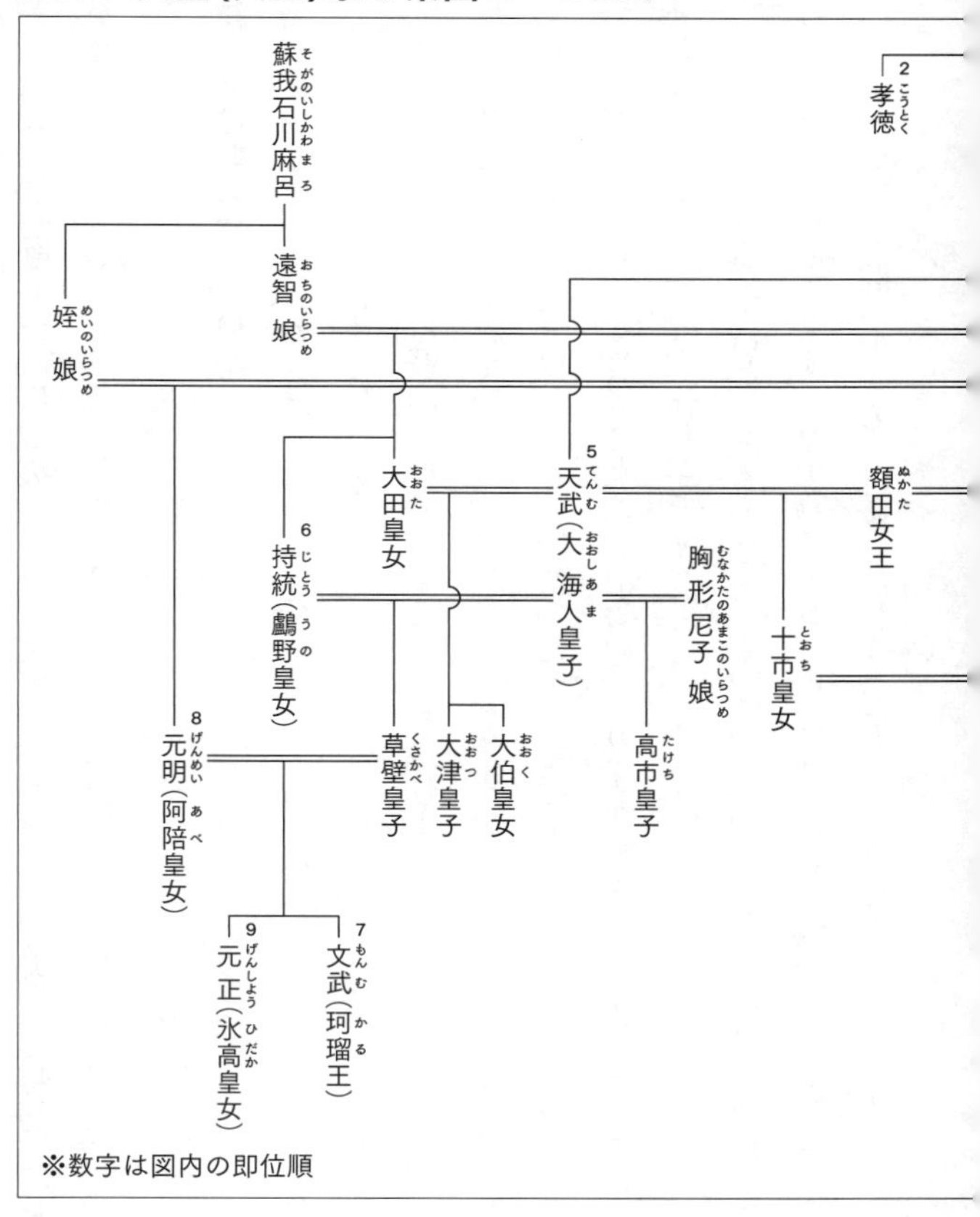

あるいは、草壁皇子ひとりしか子どもを産まなかったのは、夫・天武天皇に愛されていなかったからとまで言われることもありますが、本当にそうでしょうか。

持統天皇は悪人か――里中

持統天皇がどのような人間だったかを知る手がかりのひとつが、『万葉集』に残された歌です。それらは第三章で触れますが、構成がしっかりとしていて、理性的に物事を組み立てていくことのできる賢い人物であることがわかります。冷静で情に溺(おぼ)れるような女性ではないことが見て取れたので、「よし、この人を主人公にしよう」と決めました。

もちろん、私は持統天皇と知り合いだったわけではありません。研究者の本や論文を読んで、「ああでもない、こうでもない」とストーリーを組み立てて作品を描いてきました。はっきり言ってしまえば、作り話です。

しかし、作り話の土台となるものは、「この時、この人はどのような気持ちでいたのだろうか」という想像力です。歴史物(もの)であれ、現代物であれ、物語を通じて「愛するとはどういうことか」「人間が生きるとはどういうことか」を描いているのです。

ただし、歴史上の人物を主人公にして物語を描く場合には、なるべくその人に寄り添いたいという思いがあります。登場人物が多いと、皆に寄り添わなければならないので、大変です。それぞれが必死に生きていたのだろうし、よかれと思って行動したのだろうから、双方の言い分を想像しながら描くのは、結構しんどい作業です。

『天上の虹』では、天武天皇が持統天皇（当時は皇后）を愛妻というより、戦友と考えているという設定で描きました。子どもは、草壁皇子ひとりしかいませんし、天武天皇はその後も次々に子どもを作っていますから、女とすれば寂しかったでしょう。

しかし、好むと好まざるとにかかわらず、皇族に生まれたら皇族として生き、しかも何かを成し遂げなければならないというプレッシャーがあるわけですから、それは大変な重荷だったと思います。

持統天皇の功績のなかに、天照大神を祀って伊勢神宮を国の最高の神社にするという大仕事がありました。その演出は見事としか言いようがありませんが、きっと天武天皇と夫婦で意見が合い、手を組んで政治を進めたという側面があったと思います。

ですから、天武天皇が長生きして持統天皇が即位しなくても、結果的には同じように国づくりが進められたでしょう。そして、天武天皇が長生きしていれば、あるいは息子が長生きしていれば、彼女は皇位には即かなかったと思います。

持統天皇の視線で当時を眺めると、「ああ、なかなか大変な人生だったのだなあ」と思ういっぽう、天武天皇が日本の歴史で権威と権力の両方を握った稀有な天皇であることも見えてきました。

天武天皇の業績は、皇后・鸕野皇女の業績だった⁉――倉本

人間の愛について考えるうえで、また飛鳥時代の政治史を理解するうえでも、大著『天上の虹』は必読書です。私は学生の頃から読んでいます。

姉の大田皇女がふたり目の大津王を産んですぐ亡くなったので、持統天皇(当時は鸕野皇女)は出産による死というリスクを回避するために、子どもをひとりしか産まなかったのではないかと推測しています。

草壁王を産んだ時、鸕野皇女はまだ一八歳でした。自分が死んでしまったりしたら、そのあとに大津王と草壁王の間で跡継ぎを争った場合、大津王が選ばれるかもしれないと思

って、没交渉夫婦になったのではないでしょうか。おそらく政治を執り行なう戦友として、共に草壁王を守ることを決意したのです。

だから、好き嫌いは別にして、持統天皇は尊敬に値する人だと思っています。しかも、里中さんが描いた持統天皇の顔がイメージとして刻まれており、憎しみを抱くことは難しいのです。

天武九（六八〇）年、持統天皇（当時は皇后）が大病を患って亡くなりかけたことがあります。この時、天武天皇は皇后を救うために薬師寺の建立を始めます。その甲斐あって皇后は快復しましたが、その六年後に天武天皇が亡くなり、薬師寺で法要を営むという皮肉なめぐり合わせになってしまいました。

もし持統天皇が亡くなっていたら、別の女性が皇后となり、新田部皇女が産んだ舎人皇子や、大江皇女が産んだ長皇子が跡継ぎになったかもしれません。

また、持統天皇は血統から見て、天皇に即位する可能性がある皇后でした。大王天智と蘇我倉山田石川麻呂（蘇我石川麻呂）の娘である遠智娘の間に生まれた皇女で、しかも最大のライバルだった大田皇女が亡くなっていましたから、世代が代わる前に中継ぎとして即位する可能性も大いにありました。
だから、自分のためか国家のためかは別にして、リスクを冒してまで出産するよりも、生き延びたほうがいいと判断した、高度な政治家だったと思います。
『日本書紀』の「持統天皇称制前紀」には、壬申の乱の時の戦略は持統天皇（当時は鸕野皇女）が立てたと書かれています。壬申の乱については第三章で詳述しますが、私もそう考えています。

大王天智の業績を評価せず、天武天皇を評価するのが学界の趨勢ですが、天武天皇の決断や行動に、持統天皇（当時は皇后）が絡んでいる可能性は大いにあるわけです。ただし、天武天皇の業績に持統天皇がどれくらい関与していたのかはわかりません。それは、大王天智の業績に中臣鎌足の影響がどのくらいあったかわからないのと同じことで、持統天皇の業績にしても、臣下の者たちがどれほど関与していたかはわからないのです。

里中さんは天武天皇が偉大な専制君主であったと述べましたが、本当に専制君主であったのは持統天皇のほうだったのではないか。トップの業績だと思っていたことが実は妻の業績だったということは、政財界はもちろん芸術の世界でもあることです。天武天皇と皇后であった持統天皇もその典型例で、持統天皇のほうが稀代の政治家だったという気がします。

ちなみに、「私自身が結婚してから、そう強く思うようになった」という趣旨を著書のあとがきに書いたら、顰蹙を買ったことがあります。

持統天皇が考えていた跡継ぎ――里中

倉本さんは、持統天皇（当時は鸕野皇女）が草壁皇子を産んだあと、出産死を避けるために妊娠しないようにしたと述べましたが、私はそうは思いません。

もし私が彼女だったら、男の子ひとりだけでは不安で、もうひとり男の子を産むまで妊娠するように努めます。当時、ある程度は妊娠・出産に関する知識があり、漢方医の医術も伝わっていたでしょうから、リスクを避ける手立ては結構あったと思います。

そうだとすれば、持統天皇は自分の姉であり、やはり天武天皇の妻であった大田皇女が産んだ大津王が皇太子になっても構わないと思っていたのではないでしょうか。

大田皇女が産んだ大伯皇女や大津王を、現代人が文学などで取り上げる気持ちはよくわかります。大伯皇女は『万葉集』にすばらしい歌を残していて、どういうわけか、次のようにすべて弟の大津王を詠んだ歌なのです。

わが背子を　大和へ遣ると　さ夜ふけて　暁露に　我が立ち濡れし

（我が君を大和へ帰し行かせるとて、夜が更けて、暁の露に、私は立ちつくして濡れました）

『万葉集』巻二―105

しかも、斎宮（伊勢神宮に奉仕した皇女また女王）だった彼女は、生涯独身のまま亡くなりました。大伯皇女をそのような悲劇的な境遇に追いやったのは誰か。犯人捜しをすると、当然ながら容疑者として持統天皇が浮かび上がってきます。ですから、持統天皇がよく描かれるわけがないのです。

大田皇女が長生きをしていれば、大田皇女と持統天皇は母親が同じですから、年齢の順から、大田皇女が天武天皇の皇后になっていたでしょう。

皇后というと、現代人は天皇の正式な妻と思いがちですが、実は皇后という称号は単なる妻以上の権威があり、国の予算を動かすほどの権力を持っていました。ですから、天皇の妻といっても、皇后とそれ以外の妻との間には天と地ほどの差があったのです。

天武天皇が考えていた跡継ぎ――倉本

もし大田皇女が生きていたら皇后になっていたでしょうから、草壁皇子より年下でも大津皇子が皇太子になっていたでしょう。そうなると、草壁皇子も長生きをしていたかもしれません。

持統天皇のひとり息子だった草壁皇子は虚弱で凡庸（ぼんよう）だったという説が強いですが、私はそうではないと思います。夭折（ようせつ）したからといって、体が弱かったとは言えません。というのも、当時は早世（そうせい）する人が多かったからです。

また、凡庸説も、まったく根拠がありません。天武天皇と大田皇女の間に生まれた大津皇子が逞（たくま）しくて利発だったと書かれているため、そのとばっちりを食って草壁皇子が弱く愚かなうえに人気もなかったという印象になっているのです。

『日本書紀』などで大津皇子が持ち上げて書かれているのは、若くして亡くなった悲劇のヒーローだからです。大友皇子も長屋王もそうです。贔屓して書かれた分を差し引かないと、大津皇子だけでなく、草壁皇子の実像は浮かび上がってきません。

実は、律令国家の天皇としてふさわしいのは、大津皇子よりも草壁皇子です。なぜなら、大津皇子のような専制君主タイプを天皇にすると王朝交替が起こり、最悪の場合、国家が滅びる危険性が高まるからです。

大津皇子は力が強くて頭もよく、無頼の者ともつきあうような実力主義者で、専制君主的なところがありました。大津皇子のようなタイプが天皇になると、実力のない者はどんどん排除され、天皇自体も他の実力者によって滅ぼされていたかもしれないのです。だから、大津皇子が即位していたら、天皇制は存続していなかったかもしれません。

むしろ草壁皇子が即位したからこそ、天皇制はずっと続いてきたのだと思います。もちろん、いいことと悪いことの両方がありますが、時代が下るにつれて、天皇は実力がなくてもいい、むしろないほうがいいという流れになっていきました。

学界での通説は、持統天皇（当時は皇后）は実子である草壁皇子を愛していたが、天武天皇は大津皇子を好ましく思っていたというものです。天武天皇は、本当は大津皇子を跡継ぎにしたかったけれども、持統天皇のごり押しで草壁皇子が皇太子になったというのです。

しかし私は、天武天皇も律令制を続けるなら草壁皇子のほうがふさわしいと思っていた、と考えています。

歴史の偶然――倉本

大田皇女の子どもである大津皇子と大伯皇女、持統天皇（当時は鸕野皇女）の息子・草壁皇子はいずれも、白村江の戦いで出兵する時期に生まれています。大田皇女と鸕野皇女は、ほぼ同時期に天武天皇と結婚したはずです。

作家・黒岩重吾（くろいわじゅうご）の歴史小説『天の川（あまのがわ）の太陽』では、大王天智が弟の天武天皇（当時は大海人皇子（おおしあまのみこ））から額田女王を譲り受けた代わりに、大田皇女と鸕野皇女の娘ふたりを大海人皇子に嫁（とつ）がせたという筋書き（すじがき）ですが、これは考え難い。

古代の男たちは妻が妊娠すると、流産を恐れて遠ざけたようです。平安時代になると、穢れを避けるという意識も加わりました。だから、大田皇女が大伯皇女を妊娠すると、今度は鸕野皇女が草壁皇子を妊娠する。そして、今度は大田皇女が妊娠し、生まれたのが大津皇子になるわけです。もし最初に生まれた大伯皇女が男子だったら、皇太子になっていた可能性が高いと思います。

王族の名前は通常、その王族を育てた乳母の氏の名をつけます。草壁皇子は草壁吉士という氏族が育てたため、「草壁」という名になっています。

ところが、大伯皇女の「大伯」は大伯海（現・岡山県瀬戸内市）の名称であり、ここで生まれたために地名をつけたのでしょう。また、大津皇子の「大津」は那大津（現・福岡県福岡市）で生まれたので、その名がつけられています。おそらく母親が早く亡くなったため、育てる氏族も決まっていなかったのではないでしょうか。

大田皇女が大海人皇子の正妃、次いで天武天皇の皇后となり、大津皇子が皇太子になっていれば、壬申の乱や大津皇子の変も起きなかったでしょう。つまり、大伯皇女が女子で、草壁皇子が第一皇子であり、大田皇女が亡くなったという偶然が幾重にも重なり、時代が動いていったのです。

結果的に、草壁皇子のほうが天皇にふさわしい人物でしたが、天武十（六八一）年ぐらいまで、北東アジア全体は戦争状態でした。だから、日本が戦争に乗り出すのであれば、大津皇子のほうがふさわしいというのが、多くの人の発想だったと思います。

天皇制の存続――里中

持統天皇（当時は鸕野皇女）が草壁皇子を跡継ぎにしたいと思った理由は、お腹を痛めた子どもが可愛いということだけではなかったと思います。

持統天皇が辿った、その後の人生を考えると、夫とふたりで描いた国づくりのビジョンを実現したいという気持ちのほうが、母親として子に対する感情よりも強かったのではないか。そうだとすると、大津皇子がこの事業をきちんと遂行してくれるなら、それで問題はありません。また、大津皇子が生きていたほうが、草壁皇子も幸せだったでしょう。

当時、問題になっていたのは、天皇のあり方でした。このような言い方は失礼かもしれませんが、天皇はいるだけでいい存在だと思うのです。権威としての天皇と、軍事や経済など権力を握る人を分けたほうがいい。

神話の時代も含めて、日本の歴史を振り返ると、権威者と権力者がセットで動くケースがたくさんあります。卑弥呼と弟、天照大神と地上に降りた神々、大王推古と聖徳太子、天皇家と蘇我氏、天皇家と藤原氏もそうです。

権威と権力が一体なのは、ヨーロッパにおける王（キング）であり、中国における皇帝（エンペラー）です。対して、日本の天皇は皆の心をひとつにする、言わば扇の要のような役割を果たすというのが、日本人に一番馴染みます。

権威としての天皇という見方をすると、草壁皇子と大津皇子を比べた場合、草壁皇子が天皇向き（権威）で、大津皇子が将軍向き（権力）と言えます。

力（軍事力）がなければ、いざという時に頼りにならないし、勝てません。力による支配が行なわれていた時代には、権威だけではだめで、権力も必要でした。しかし、律令制が整い、権威と権力が分担されれば、権力はそれほど必要ではありません。むしろ、権力を持つと、その継承をめぐって争いが起こる。

つまり、律令制に草壁皇子をあてはめるのではなく、草壁皇子が天皇に即位しても国が治まるような国の姿を模索したことが、日本に律令制を定着させることにつながったのです。持統天皇は、これこそ天の配剤と思ったかもしれません。

ですから、大田皇女が長生きをして大津皇子が天皇になっていたら、権威と権力の両立という形で、草壁皇子と大津皇子が力を合わせることはあり得たでしょう。

その後、藤原氏が力をつけ、さらに後年、幕府ができたけれども、それでも天皇制は残りました。天皇制は、日本人の心象に合っているのです。権力者とは別に、尊敬できる権威にいてもらいたいという願望があるのでしょう。

なぜ持統天皇は即位したのか――里中

今上天皇は二〇一九年四月三十日に退位後、上皇となり、美智子皇后は上皇后になることが決まりましたが、日本の歴史上はじめて太上天皇（上皇の正式名称）になったのは持統天皇です。しかも、皇后時代から手がけていた律令制や都城造成、国史編纂など重要な仕事を手がけました。

そもそも、天武天皇崩御後、なぜ持統天皇（当時は皇后）は天皇に即位したのかという疑問があります。私見を述べると、国が乱れないことを第一に考えたのではないか。つまり、皇位継承争いが起こらないようにしたかったのではないか。

皇位争いが生じないためには、必ず本家の長子（正室か否かを問わず、最初に生まれた男児）が即位する——などと皇位継承者がはじめから決まっている必要があります。本家の長子が亡くなった場合はその長子が、長子に男子がいない場合は本家の次男の長子が即位するというように、ひとつの家系で男子に継承していくのがベストです。

当時、次期天皇に即位する皇太子は生まれた時から決まっていたのではなく、あとから決まりました。ですから、誰を皇太子にするかに注目が集まり、どの皇子につくかで派閥が分かれ、政治的な駆け引きが行なわれ、争いが起きました。

しかし、天武天皇の時代は、日本が一丸となって外国に対応しないと国が滅びるかもしれないという危機にありましたから、内輪揉めは避けたい。

それで、昔から決まっていたわけではなかったにもかかわらず、持統天皇や元明天皇らが「これは昔から決まっていたことだ」と、長子から長子へと皇位を継承していくことを定式化したのです。

図表5 大王家の系図（6～7世紀）①

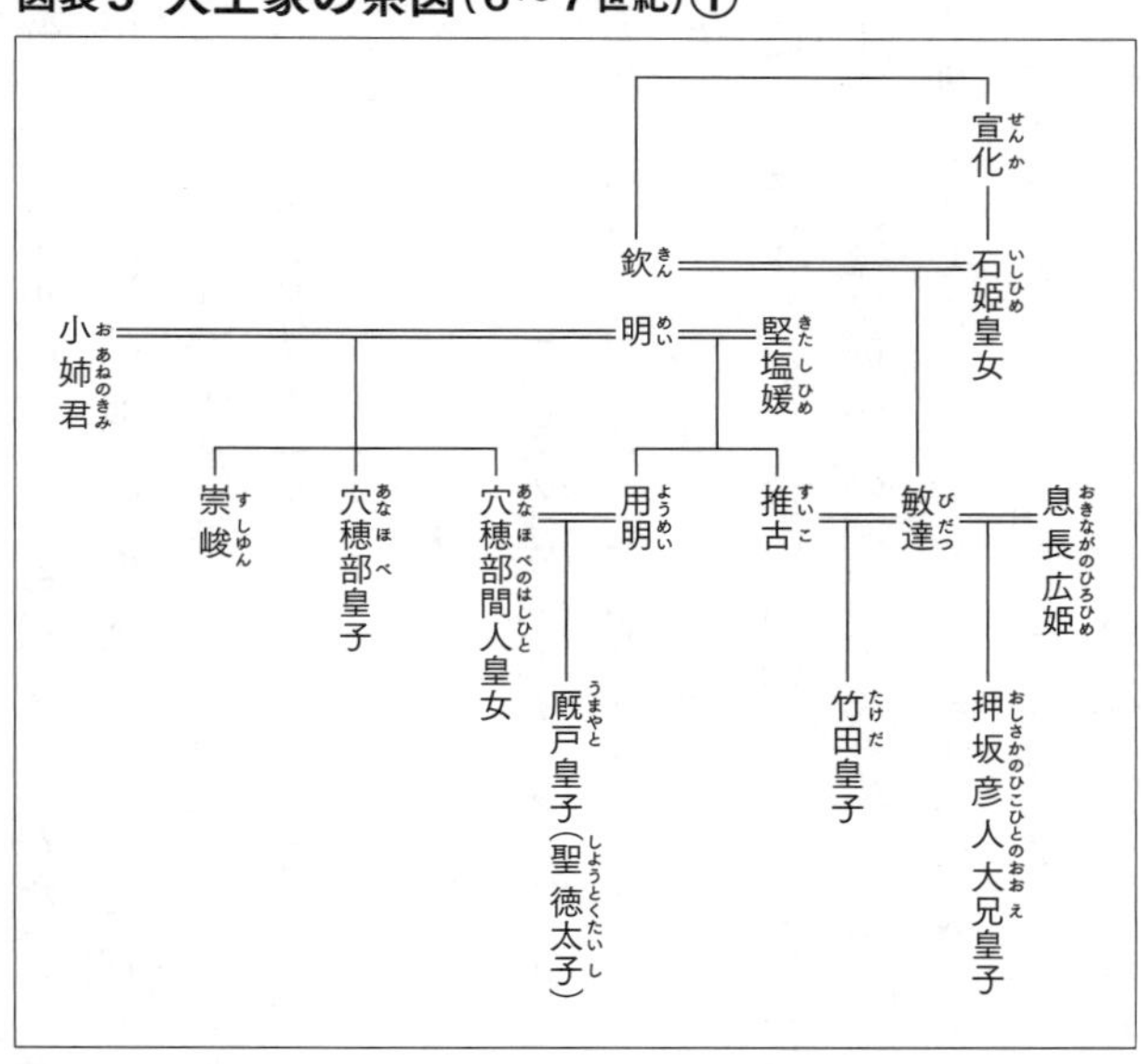

女性天皇の成立条件――倉本

持統天皇の前に、女帝（女性大王）は二例ありました（現在までは八例）。

ひとりは、大王推古です。

大王推古は大王欽明の皇女で、大王敏達の大后でした（図表5）。大王敏達が敏達十四（五八五）年に死去すると、大王用明（大王欽明の第四皇子）が即位しましたが、二年で死去。さらに、穴穂部皇子も殺され、即位した大王崇峻（大王欽明の第十二皇子）も五年後に殺されます。ここで、大王欽明の子ども世代がひとりもいなくなったため、孫世代で選ぶことになりました。

候補は三人いて、前大后推古は自分が生んだ竹田皇子が望ましいと思っていたはずです。ほかに蘇我氏の血が入っていない押坂彦人大兄皇子、蘇我氏の血がきわめて濃い厩戸皇子（のちの聖徳太子）がいましたが、いずれも決め手がありません。しかも、それぞれに豪族がついていました。

争いを引き起こさないためには孫世代ではなく、大后だった推古が即位することは、紛争回避の手段として最善の選択でした。卑弥呼の例もあって、女性を大王にすることにあまり抵抗はなく、はじめての女性大王となりました。

ちなみに、中国では皇帝は男性が即くものという意識が強く、新羅は女王を立てて唐から叱責を受けましたが、倭国は中国から遠かったので隠し通すことができました。

また、当時は生前譲位の例がなかったので、大王が亡くなった時に下の世代で存命の皇子が即位しました。ところが、大王推古は長生きしたので、候補だった三皇子はいずれも亡くなっており、押坂彦人大兄皇子の王子だった大王舒明が即位しています。

もうひとりは、大王皇極（重祚〔再び皇位に即く〕して大王斉明）です。

大王皇極は大王敏達の曾孫で、大王舒明の大后でした（図表6）。舒明十三（六四一）年に大王舒明が死去すると、大王候補となったのは次の三人でした。聖徳太子の息子・山背大兄王、大王舒明の第一皇子で蘇我氏系の古人大兄皇子、大王舒明の第二皇子・葛城皇子（のちの中大兄皇子、大王天智）です。しかし、なかなか決まらず、結局、大后である宝皇女が大王皇極として即位します。

図表6　大王家の系図（6～7世紀）②

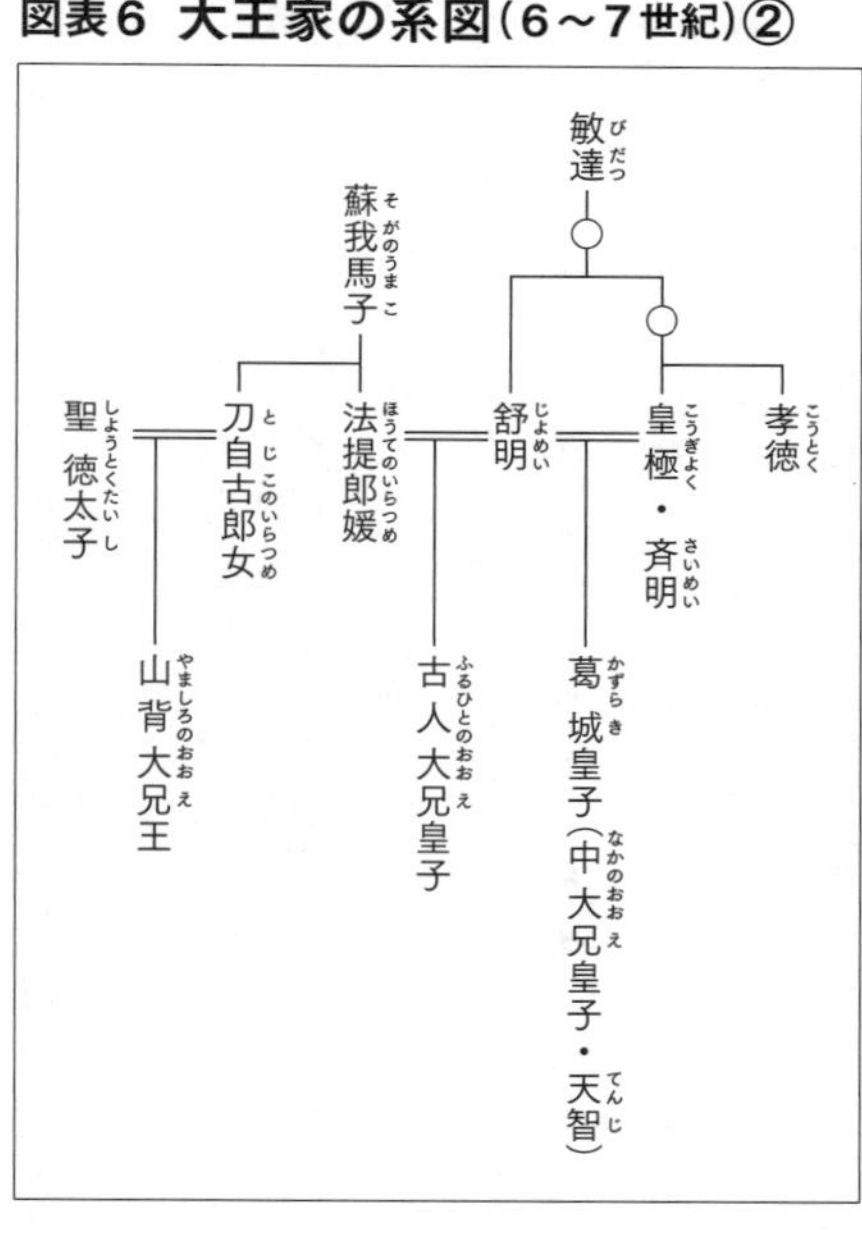

三人のうち、山背大兄王は皇極二（六四三）年、蘇我入鹿らによって自害に追い込まれます（聖徳太子の家系・上宮王家の滅亡）。これによって古人大兄皇子、中大兄皇子が残りますが、皇極四（六四五）年の乙巳の変で蘇我蝦夷・入鹿が滅ぼされ、

蘇我氏の後ろ盾を失った古人大兄皇子は中大兄皇子に攻められ、自害に追い込まれました。

その後、天智十（六七一）年の大王天智の死去後、大王天智の第一皇子・大友皇子と大海人皇子（のちの天武天皇）が争った壬申の乱が起きています。

このように見てくると、持統天皇が即位するまで、大王位をめぐって血で血を洗う激しい戦いが繰り返されたことがわかります。しかも、持統天皇の頃には、有力な皇族がたくさんいました。皇位継承資格のある皇子だけでも、草壁皇子、大津皇子、藤原氏系の新田部（にいたべ）皇子、蘇我氏系の穂積（ほづみ）皇子、大王天智の皇女が産んだ長皇子、弓削（ゆげ）皇子、舎人皇子ら大勢いたので、誰を選んでいいのかわかりませんでした。

だから、持統天皇（当時は皇后）の長子であった草壁皇子が亡くなった時点では、皇后が即位するしかなかったのです。さらに、持統天皇は政治経験が豊富であったため、臣下には何の抵抗もありませんでした。

しかし、持統十一（六九七）年に草壁皇子の長子・珂瑠王（のちの文武天皇）を皇位に即けるにあたっては、ものすごい抵抗が想定されました。というのは、珂瑠王はまだ一四歳で、皇太子としての政治経験がまったくなかったからです。

当時の天皇は最低でも三〇歳以上で、現実的な政治力が求められました。しかも、珂瑠王は父も母も天皇として即位していなかったので、皇位を継がせるのにはかなりの無理があったと言わざるを得ません。

そういうわけで、「太上天皇（後述）」という中国にもない地位を作ったのは、おそらく文武天皇を補佐するためだったと考えられます。

天武天皇の皇子は一〇人いましたが、大津皇子を殺し、草壁皇子が亡くなり、高市皇子が亡くなった時点で、持統天皇は皇位を珂瑠王に譲りました。まだ七人の皇子が生きているなかで、彼らを差し置いて珂瑠王に譲位したわけですから、かなり不自然な事態と言えます。

高市皇子は暗殺されたのか――里中

持統天皇は、草壁皇子の息子で孫の珂瑠王を皇位に即けたいがために、即位を決断したと言われますが、そうかもしれません。そうだとしても、これは皇統の安定、ひいては国が乱れないようにするための知恵だったのでしょう。

持統天皇が即位後、珂瑠王の皇位を確実にするため、天武天皇の息子のなかで最年長の高市皇子を暗殺したという説があります。

しかし、これはあり得ないと思います。持統天皇にとって、高市皇子は右腕のような存在であり、その死去には落胆したでしょう。そもそも高市皇子は、母親が皇族ではないので、高市皇子が野心を持っていたとしても、天皇にはなれませんでした。

ですから、罪をでっち上げて逮捕して死罪を申し渡すのならまだしも、陰(かげ)でこっそり毒殺するなどという手段を取るはずがありません。

しかし、気になるのは高市皇子を産んだ胸形尼子娘(むなかたのあまこのいらつめ)です。彼女は九州の豪族・胸形徳善(とくぜん)の娘ですが、宗像（胸形、宗形）氏は宗像大社の大宮司(だいぐうじ)をつとめるなど、ただならぬ権威と権力を持っていました。宗像氏のものと見られる墓（写真2）は壮大で、皇族扱いされてもおかしくないぐらいの権勢でしたが、地方豪族止まりでした。どうも記録を改竄(かいざん)したのではないかと疑いたくなります。

写真2　宮地嶽古墳の石室

6世紀築造の直径34メートルの円墳。被葬者は宗像氏の首長・胸形徳善との説がある。その横穴式石室は玄武岩で組まれ、奥行き22メートル。宮地嶽神社（福岡県福津市）境内にあり、見学可能

大王→天王→天皇——倉本

天武天皇から始まった「天皇」という君主号ですが、当時その言葉を口にすることは、よほど高位の貴族でなければなかったでしょう。おそらく、文字すら見ることもなかった。

「大王」とは、王のなかの王を意味します。言わばワン・オブ・ゼムであり、一番偉い、尊い人かもしれないが、唯一無比の存在ではない。

天皇という言葉を字で見ると、中国における天帝（天上の最高神）の「天」と、皇帝（地上の君主）の

「皇」の組み合わせですから、尊大な表現と言えます。前述のように、この言葉を書いて見せるだけで中国と戦争になる可能性がある危険な称号ですから、遣唐使は「すめらみこと」と読んで誤魔化したと思います。

しかし、すめらみことは清浄な貴人という意味で、権力者を指す言葉ではありません。政治権力を超越した存在です。名は体を表わすと言いますが、現実の政治権力とは一線を画して権力の源泉になるという意味で、この言葉は古代以後の天皇の有り様に合致しています。

天皇という言葉は、それに類するような称号がありません。「天皇」の意味は、北極星を指す、あるいは道教の最高神などと言われています。天武天皇は道教に傾倒していたので、その可能性も否定できません。しかし、持統天皇や文武天皇らも天皇という称号を使い続けたのは、やはり清浄な貴人という意味からだと思います。

そもそも、大王という言葉には問題があります。律令制以前、天皇の子女は「皇子」「皇女」とされましたが、以後は天皇の子と兄弟姉妹が「親王」「内親王」、その他は「王」「女王」とされました。そして、この王も「おおきみ」と読んでいたのです。

たとえば、長屋王と書いて「ながやのおおきみ」と読む。これだと、大王も王も同じ呼び名になります。しかも四世王、のちに五世王まで王と名乗れるので、大勢いる王と大王が同じだとまずいわけです。

ここで、私の仮説を紹介します。大王以後、天皇となる前に「天王（てんおう）」と呼ばれた時代があって、その読み方が天皇に残ったのではないかというものです。この説は、戦後を代表する東洋史学者の故・宮崎市定（みやざきいちさだ）先生（京都大学名誉教授）がかつて主張したことがあります。

天皇という字を素直に読んだら、「てんこう」となるはずです。にもかかわらず、「てんのう」と読んでいるのは、もともと天王と表記されていたからではないか。というのも、日本には制度が変わり、字が変わっても前の読み方を踏襲することがよくあるからです。

天皇の称号を提唱したのは天武天皇からというのが定説ですが、大王推古の時代から使われていたと主張する研究者もいます。そこで、推古朝（崇峻五〔五九二〕～推古三十六〔六二八〕年）の時代には天王という称号があり、天武朝（天武二〔六七三〕～朱鳥元〔六八六〕年）から天皇となった。その際に、読み方はそのままにされたと考えられるのです。

父親よりも母親を重視——里中

すめらみこと、私はこの言葉の響き（ひび）がすごく好きです。とてもいい語感の大和（やまと）言葉を持ってきたなあと感慨深い。動詞「すめろぐ」と関連があるのかしらとも思ったのですが、これまでにない言葉を探してあてはめたように思います。

天皇という言葉は「てんのう」と読むよりも、やはり「すめらみこと」と読んだほうがふさわしいのではないでしょうか。

大王という呼称は、王のなかで一番強い王という感じがしますが、大王と呼ばれた王は過去にもたくさんいるわけです。新しい称号・すめらみことを作ることによって、精神的な意味でもまったく変わった気がします。

『天上の虹』では、母親の身分が重視され、それに左右される皇族の現実を描きました。ある女性と結婚する場合、その女性の実家をチェックします。ましてや、皇子が結婚する相手の女性がどこの誰かは重要なことです。どのような家の娘であっても、天皇の子どもであれば天皇になれるとしたら、力のない親が権力を握るかもしれません。

また、女性は自分が産んだ子どもがわかりますが、男性にとっては、本当に自分の子どもであるという保証は一〇〇パーセントではない。そうだとしたら、せめて母親の身分をきちんとしておかないと、とんでもないまちがいを起こすことになるかもしれない。母親の先祖がやんごとなき人だとわかっていれば、ある種の保険になったのではないかという気がします。

『古事記』のなかに次のような話が出てきます。

邇邇芸命（『日本書紀』では瓊瓊杵尊、以下同様）は、一目惚れした木花之佐久夜毘売（木花開耶姫）と一夜を共にします。その後、木花之佐久夜毘売が身ごもるのですが、邇邇芸命は「一晩しか寝ていないのに、はたして自分の子だろうか」「天の神の子ではなくて、そのへんの山の神の子ではないか」と疑います。これに対し、木花之佐久夜毘売は「私が産むのは、天の神の子だから見ていらっしゃい」と怒って、火のなかで子どもを産むのです。

私は「何と失礼な」と邇邇芸命に呆れるいっぽうで、男性にとっては本当に自分の子かどうか不安だったことがわかるのです。この話以外にも、『古事記』には、男性のほうが馬鹿な発言をして女性に怒られるケースが目立ちます。

父親よりも母親が重視されるのは、やはり日本が母系社会だったせいかもしれません。たとえば、天皇家の場合、両親とも同じ兄弟姉妹の結婚はタブーとされましたが、父親が同じでも母親が違えば兄弟姉妹と見なしませんでした。両親が同じ兄弟と姉妹の間の恋愛は不倫(ふりん)とされ、『古事記』にもそのスキャンダルが出てきますが、母親が違えば結婚できたのです。

この母系社会とも関連していますが、日本の女性は世界で一番強いと思います。それは家計を握っているからです。

欧米では夫も妻も自分の収入は自分で管理しますが、日本ではお金について細かく言うのは男らしくないとされ、夫は稼いだお金を妻に全部渡します。夫の給料は振り込みで、しかも通帳を握っているのが妻というケースは世界中、どこにもないでしょう。外国人にこの話をすると、「日本の女性はどうやってその権利を勝ち取ったのか、闘争の歴史を教えて」と言われるのですが、闘っていませんから答えようがありません。

欧米諸国の場合、妻に対して働きに応じて分け与えるのは、狩りをして獲物(えもの)を持ってきた男が肉を切り分けるのと同じです。家に客人が来た時、夫がホスト役として料理をサーブするのも同じ感覚でしょう。

いっぽう、日本の場合、家計だけでなく育児も妻に任せてしまう夫が多い。妻が何にどのくらいお金を使っているかも知りませんし、妻から小遣い(こづか)をもらって「あなた、一カ月これでやってね」などと言われて従っているのは、日本の男性だけです。この話を外国人女性にすると皆、日本の男性と結婚したがります。

日本の女性たちは、自分の権利をしっかり守っていますから、世界一強いのです。

天皇家の血——倉本

古代の日本では一夫一婦制が徹底されていなかったので、里中さんが言われるように、父親が誰かわからなくなる恐れは常にあったと思います。

また、中世の武家社会の成立以前は、夫が妻方の宅に入る招婿婚(しょうせいこん)が一般的であり、子どもは母方で育てられていました。そうすると、どこで育ったか、そして誰が後見してくれるかが重要になります。つまり、政治権力を持った氏族による後見が求められるわけです。

中国の場合、女性が男性に嫁ぐ嫁取婚（嫁入婚）なので、皇帝が庶民の娘を連れて来て子どもを産ませても、皇帝の子どもとして育てられます。

しかし日本の場合、母方の実家で子どもを産み育てるため、母方の父親つまり外祖父によって、その皇子の地位が大きく違ってくるのです。つまり外祖父が有力な人物ならば、外孫にあたる皇子は宮廷内できわめて有力な地位を獲得する。そうなると、有力な実家の娘と結婚させようという動きが出てくるのは自然の流れです。

近親婚は避けるべきであるというのは、現代では常識ですが、当時は寿命が短かったため、近親婚のもたらすマイナスよりも、血の純化のほうを選んだのでしょう。

五世紀は大王と葛城集団、六・七世紀には大王家と蘇我氏で大王位継承を行なってきました。藤原氏の血が入るようになったのは、八世紀からです。

その後、平安時代からは桓武天皇（在位・天応元〔七八一〕～延暦二十五〔八〇六〕年）、仁明天皇（在位・天長十〔八三三〕～嘉祥三〔八五〇〕年）を除き、今上天皇まで、基本的には天皇家と藤原氏の血だけで皇位が継承されてきました。桓武天皇は、母親が渡来系氏族・和氏です。仁明天皇の母親は橘氏ですが、その始祖は王族ですから、本を正せば大王家です。

このように限られた尊い血だけで継承してきた王権というのは、おそらく日本だけです。元気な子どもが生まれるように、庶民だろうが異民族だろうが健康な女性と結婚する。中国の皇帝はそうしたわけですが、日本はこの選択をしませんでした。近親婚でも、母親が違えば、尊い血同士のほうがむしろいいと考えたのです。

招婿婚の由来は不明ですが、貴族の結婚を見ると、だいたい男性が女性の家に入って同居しています。そうすると、土地や財産なども母方のものを使うことになりますが、息子の結婚に際しては別の家に婿(むこ)に入るので、財産は娘が相続することも多かったのです。

ヨーロッパ的基準で言えば、日本は女性の社会進出が遅れていて、現在でも世界で一〇〇位にも入らないのですが、そもそも基準がまったく違います。現に家庭だけでなく、会社でも大学でも女性のほうが強いのは周知の事実です。

天皇の権威の源泉――倉本

鎌倉幕府、室町幕府など武家政権の到来により、天皇は政治権力を失ったと言う研究者もいますが、私は違うと思います。たとえば、征夷大将軍とは天皇が任命した職であり、守護・地頭も天皇が将軍に付与した権限で任命されていました。天皇は、権威として神話で守られていただけでなく、権力も持っていたのです。

たとえ、世俗的な権力者が軍事力によって天下を取ったとしても、天皇に取って代わることはできません。天皇個人を殺すことはできても、その権力者が次の王権を作れるかというと、それは不可能です。

なぜなら、権威の源泉となる神話から作り直さなければならないからです。天照大神の孫である邇邇芸命が天から降臨して、その子孫が初代天皇・神武であり、その子孫が歴代天皇であるという神話が支配の源泉であり、中国のように悪い皇帝・王朝は倒せばいいという考え方（易姓革命）とはまったく違うのです。

天照大神の神話は民衆まで浸透していたので、その子孫を倒したら必ず「あなたにはどういう神話があるのか」と問われますが、答えられません。だから、天皇個人を倒すことはできても、全体を作りかえることはできないのです。

その意味で、神話に守られていることは大きな意味を持っています。『日本書紀』が単なる歴史書ではなく、天皇の来歴を記した書であることも、天皇家の存続を支えてきた一因と言えるでしょう。

摂関政治(摂政・関白が天皇を補佐した政治形態)を行なった藤原氏は、自らの先祖を天児屋命としています。天児屋命は邇邇芸命と一緒に降臨して、邇邇芸命を助けた神です。だから、邇邇芸命の子孫が天皇となり、天児屋命の子孫である藤原氏が権力を握って天皇を補佐する正当性を持つわけです。これは、藤原不比等にとって、とても大事な"理屈"でありイデオロギーです。

ところが、のちに藤原氏の勢力が強大になった時、この理屈が逆に足枷となって、藤原氏が天皇家に取って代わることを阻みました。

中国の王朝にはそれぞれの祖先伝承がありますが、皇帝とは直接つながりません。朝鮮の場合、新羅、百済、高句麗のそれぞれに神話があり、当時の国王とつながっていましたが、どの国も滅びてしまったため、神話は意味を持たなくなりました。

いっぽう日本では、平氏も源氏も、源平の子孫と称した織田信長や徳川家康も、天皇家の子孫という意識があったので、天皇家は続いたのです。

ところで、天皇家の歴史のなかで、私が注目しているのは平安時代に現われた幼帝です。

天皇には、行なうべき三つの「せいじ」があります。ひとつは聖事、これは祭祀を意味します。ふたつめは性事で、子どもを作ること。三つめが政事です。このうち、摂政が代われるのは政事だけです。幼帝は当然、性事を行ないませんが、聖事は行なわなければならない。これはすごいことです。

六条天皇（在位・永万元〔一一六五〕～仁安三〔一一六八〕年）は、歴代最年少の生後七カ月（二歳）で即位しました。即位式の最中に泣き出したため、乳母の乳を吸って静まったというエピソードが残されています。

いっぽう、一条天皇（在位・寛和二〔九八六〕～寛弘八〔一〇一一〕年）は七歳、堀河天皇（在位・応徳三〔一〇八六〕～嘉承二〔一一〇七〕年）は八歳で即位しましたが、しっかり祭祀をこなしています。今なら、どちらも小学校入学前後の子どもです。大人の言うことを聞かずに、バタバタと走り回っている年頃です。それが儀式を手順通りにこなしたのですから、幼くとも天皇としての自覚を持っていたのでしょう。

天皇の権力――里中

日本の場合、王朝交替がなかったことが大きいと思います。王朝がずっと続いているからこそ、神話から伝説、そして歴史へと全部つながっています。中国の場合、王朝交替を繰り返してきたので、神話、伝説、歴史が分かれています。

元を辿れば、どの民族も訳のわからない遠いところから先祖が来て、国が生まれています。しかし、王朝交替によって途切れた時点から歴史が始まり、その歴史の部分は信用されるのです。

いっぽう、日本は王朝交替がなかったので、神話、伝説、歴史がズルズルとつながってきました。このように長く続くと、国民皆の血が混じり、どこまでが藤原氏で、どこまでが蘇我氏かわからなくなってしまいます。

明治維新にしても、徳川家は滅ぼされたのではなく、引退しただけでした。会社の社長が辞任したけれど、平取(ひらとり)(取締役)として会社に残ったようなもので、革命と言えるかどうか疑問です。国の中心が必要だからと天皇が急に祀り上げられ、国家統合の象徴になったのです。

法的な細かいことはわかりませんが、本当に軍事と経済の両方を掌握していた天皇は、制度的には明治天皇だけであり、実力的には天武天皇だけだったと思います。

ところで、大嘗祭（新穀を神々に供えて天皇が食す儀式・新嘗祭のなかで、天皇即位後にはじめて行なわれるものを指す）で、天皇が先帝の遺骸や巫女と添い寝をするという説がありますが、私は疑問視しています。宮中祭祀の骨格は天武・持統帝の時に整えられ、この儀式を本格的に始めたのは持統天皇です。あの合理的な持統天皇とは、どうしても結びつかないのです。

天皇と政治——倉本

持統天皇も軍事と経済両方の権力を持っていた、と私は考えています。明治天皇については、「これもできる」「あれもできる」と大日本帝国憲法に書いてありましたが、逆に言うとそれしかできませんでした。

いっぽう、古代の天皇の命令は律令に優先するため、まさにオールマイティです。やろうと思えば何でもできましたが、実際にやろうとした人はほとんどいませんでした。

本当に権力を持っていたのは大王天智、そして天皇という称号ができた直後の天武・持統天皇ぐらいでしょう。その天武・持統天皇も独裁者ではなく、支配者層の利益を体現した支配者でした。ということは、日本の歴史において、独裁君主は一度も現われなかったことになります。

大日本帝国憲法に定められた天皇大権（たいけん）とは、天皇が帝国議会の協力なしに行使できる緊急勅令、条約締結、宣戦、戒厳令（かいげんれい）、統帥権（とうすいけん）（軍事指揮権）、憲法改廃権などを指します。しかし、たとえば帝国議会閉会中に発せられる緊急勅令も次の議会の承認を必要としましたし、条約締結なども政府が行ない、それを承認するという形式でした。

これらのしくみは外国人にはわかりづらく、太平洋戦争後に日本を占領したＧＨＱ（連合国軍最高司令官総司令部）もなかなか理解できませんでした。

そこに、大きなズレがあるのです。日本国憲法下の現在でも、アジア諸国の人たちのなかには、天皇が物事を好きなようにできると思い込んでいる人がいます。私の知人の外国人研究者は「天皇はエンペラーであり、独裁者である」と言う人がいます。日本を研究している一流の学者ですら、その程度の認識なのです。

ところで、持統・文武天皇の時代から、日本の天皇は政治にほとんど関与しなくなったと主張する人たちがいますが、これはまちがいです。

私は主に平安時代を研究しており、当時の貴族が書いた日記を分析していますが、平安時代の天皇が深く政治に関与していることを感じます。天皇のもとには、京都の町なかでの喧嘩や泥棒といった些細なことまで全部報告が上がってきます。それについて、いちいち判断して指示を出さなければいけない。決裁事項が多く、ものすごく忙しい日々を送っています。

また、天皇の権力は強いと主張する人たちと、弱いと主張する人たちがいます。強いと言う人たちの代表はマルクス主義系歴史学者たちで、天皇権力が強かったから古代から中世へと移行したと主張したい。いっぽう、天皇には権力がなかったと言う人たちには保守系歴史学者が多く、日本は権威と権力が分離して、天皇不執政であると言います。いずれも、昭和天皇の戦争責任問題を念頭に主張しているわけです。

多くの日本人はそのようなことを気にせず、本や論文を読んでいると思いますが、『古事記』『万葉集』について述べていても、実は現代の政治状況を反映させている場合が往々にしてあります。

このような色眼鏡をはずして見ると、時代によって天皇の権威と世俗の権力とのバランスは変わってきていますが、どの時代の天皇も多くの決裁事項を抱えて多忙だったことはまちがいありません。

天皇は「エンペラー」ではない――里中

「天皇」という語を、変に訳してはだめです。世界に類のない称号ですから、「エンペラー」ではなく「テンノウ」という言葉を使ったほうがいい。「テンノウとは何ですか」と聞かれたら、「国家統合の象徴です」と説明する。それしかないと思います。

日本神話における天照大神を見ると、自分では何ひとつ命令しておらず、決定もしていません。何か起こるたびに、天照大神が「皆さん、どうしましょう」と神々に聞く。そして、賢い神様が「これはどうですか」「こうしたらいいのではないでしょうか」と進言すると、天照大神は「それがいいわ。そうしましょう」と言っているだけなのです。

天照大神のようなあり方がいいと日本人が考えたから、このような神話がまとめられたと思うのです。ですから、外国の神話のように神を怒らせたら、人類が滅びるというような絶対的な権力などまったく出てきません。

倉本さんは著作のなかで、天照大神の神話は七世紀末、つまり天武・持統朝（天武二〔六七三〕～持統十一〔六九七〕年）の政治意志を反映していると指摘されていました。確かに、須佐之男命（素戔嗚尊）のような暴力を振るう神が追放されたり、騙し討ちをして勝つ倭建命（日本武尊）が哀れな最期を迎えたりするのも、七世紀末の政治状況と合致していますが、そもそも日本人がそれらを好まない傾向にあるのも事実です。

武士道からすれば、倭建命ほど卑怯な男はいないと思いますが。古代の日本ではとにかく勝つことが正義だったのでしょう。

「太上天皇」という発明――倉本

ここで、持統天皇が譲位後に就いた「太上天皇」について述べておきたいと思います。私の専門である日本古代政治史は、制度を中心に研究する学問ですが、特筆すべきことは、太上天皇が中国にない制度であることです。

中国には退位した皇帝の称号として「太上皇」がありますが、皇帝の臣下に位置づけられ、権力はありません。子どもが皇帝になったら、父親は臣下として北面する、つまり皇帝が北側に立って見下ろすのです（中国では君主は南に面し、臣下は北に面して坐った）。

いっぽう、日本の太上天皇は律令にきちんと規定があり、天皇と同じ権限と格があると書いてあります。しかも、ほとんどの場合は尊属関係にあります。

たとえば、持統太上天皇と文武天皇のケースでは祖母と孫ですから、太上天皇のほうがかなり強い立場になります。実際、年の功だけでなく、政治経験でもそれこそ一〇〇対〇ぐらいの大差がありますから、太上天皇が圧倒的に強いのは明らかです。

したがって、この制度は持統天皇本人が望んだか、藤原不比等が考案したかはさておき、すごい制度を作ったものだと思います。この制度がのちに、日本の歴史に大きな影響を与えるのです。

権威と権力の分担――里中

新しい制度を作るのは本当に大変ですが、「だいじょう」という言葉がつく位に「太政大臣」があります。この位は天智十（六七一）年、大王天智が息子・大友皇子に与えたのが最初です。

のちの律令制における太政大臣は最高官ですが、大王天智がこの位を作った時は、皇位継承の最有力候補および政務代行者として位置づけられていました。

持統天皇も、この太政大臣に倣って太上天皇という地位を考えたのではないか。つまり、「天皇の地位を孫に譲るけれども、国民の皆さん、安心してください。まだ政治から離れるわけではありませんから」というメッセージを送り、敵対勢力と言ったら大げさですが、存命している皇子たちを大人しくさせたのです。

推古朝では大王推古が権威として君臨し、聖徳太子が政治家として権力を握っていました。つまり女性が権威を、補佐する男性が政治実務を担う役割分担です。これも、持統天皇の頭のなかにはイメージとしてあったのかもしれません。

孫である天皇に並ぶ、もしくはそれ以上の権威として君臨し、長生きすることによって孫の成長と国家の安定を見届けることが、持統天皇の夢だったのではないでしょうか。まさか自分が亡くなったあと、文武天皇まで崩御するとは思いもよらなかったでしょう。

ただし、孫だから譲位したという浅薄(せんぱく)な見方には、私は賛同できません。政治は本当に大変な仕事ですから、自分の子どもだの孫だのということには関係なく、どうやったら国が治まるかを第一に考えたと思います。

世襲社会・日本――倉本

太上天皇という制度は、この時だけのエピソードで終われば、大した影響もなかったでしょう。しかし、血縁で跡を継いでいく世襲だけでなく、現職より元職(もとしょく)のほうが強いという事態を不思議に思わない、日本の慣習を確かなものにしてしまいました。

これは世界的に見ると、かなり奇妙な事態です。ある企業の社長の息子が、それを継いで社長である必要はありません。もっと経営者に向いた人間がいるかもしれないのです。というより、その可能性のほうが高い。父親がプロ野球選手でホームラン・バッターだからといって、息子もそうなれる保証などどこにもありません。

アメリカなどの場合、ボブ・ディラン、ジョン・レノン、ジョン・コルトレーン。彼らの息子もミュージシャンになりましたが、父親とは能力が違いますし、そもそもほとんど知られていません。
いっぽう、日本では、歌舞伎役者が典型ですが、子どもが跡を継ぐことに何の抵抗もありません。テレビ画面は、名優や著名タレントの息子や娘で溢れています。著名アーティストの子どもが、親の曲を歌って拍手喝采を受けることもあります。

政治の世界も同様です。親の地盤・看板・鞄（三バン）を継ぐ世襲議員がたくさんいます。衆議院議員全体で一〇パーセント以上、自由民主党に限れば二八・三パーセントだそうです（二〇一八年四月時点）。

私が所属する国際日本文化研究センターは二〇一七年に創立三〇周年を迎えましたが、創立者の梅原猛先生（同センター名誉教授）は、現在も顧問としておられます。梅原顧問がたまに来られると、一緒に写真を撮ろうとする者があとを絶ちません。私たち研究者にとって、創立者が生きておられるのを見るだけで泣きそうになるほど感動するのですが、そのことを誰も不思議に思いません。

日本人が世襲を受け入れているのは、あらゆる世界で世襲が多いからです。まず天皇が万世一系を称して跡を継いでいるだけでなく、栄枯盛衰はあるものの、貴族も武士も子孫が継いできました。多くの伝統芸能も同様です。ですから、血縁で地位を継ぐことに何の疑問も持たないのです。

しかし、アメリカのような実力主義と違って、日本のような社会は一面では平和でいい国だと思います。格差社会と言われますが、アメリカと比べても中国と比べても、はるかに格差は小さいと思います。

先日、中国の学者と話をしていたら、「中国はついに社会主義にはならなかった。高度成長と富の平準化を同時に成し遂げた戦後の日本こそ、社会主義である」と言っていたので、驚きました。

皇室外交――里中

権力は時代が下るにつれて、持つ者が代わっていきました。当初は蘇我氏、次いで藤原氏が握り、武家社会になると将軍が権力者となりました。京の都に天皇がいて尊重するけれども、実際に世の中を動かしているのは将軍でした。現代社会では、総理大臣になります。

海外の国々で、ひとつの王朝がこれほど長く続いている例はありません。現在のイギリス王室・ウインザー朝は一九一七年からで、二十世紀に入ってからです。テューダー朝まで遡っても十五世紀です。また、玉座（王の地位）は世襲になっていますが、元は王が力で打ち立てたものです。

イギリスなどヨーロッパの王国では、王室が外交におけるホスト役を果たし、政治家が実務を執る二本立てのスタイルを採っていますが、それほど不思議には感じません。いっぽう、社会主義国でありながら、実質的に王朝のような支配体制になっている国がありますが、こちらについては非常に違和感があります。

アメリカの場合、大統領夫人がファースト・レディとして各国トップのおもてなしをしています。短ければ一期四年で交代しますが、次々に代わるよりも、その国の「家元」に伝統に則った形で、落ち着いたおもてなしをしてもらうほうが好ましい気がします。誰とは言いませんが、品格のない女性がファースト・レディになることがありますので。

このように考えてくると、家元が伝統を守り、政治家が政治に専念するスタイルはなかなかよくできており、国民も安心していられます。

日本の王朝は表向きは交替がないので、神話の時代から現代までずっとつながってしまっています。それについてデメリットを指摘されることもありますが、別にいいのではないかと思っている私は変な日本人なのでしょうか。

天孫降臨神話の謎——倉本

里中さんは、まっとうな感覚の日本人です。地震など災害が起きた時に総理大臣が来るよりも、天皇・皇后が慰問に来たほうが被災者ははるかに喜ぶでしょう。そこに意味があるのだろうと思います。

ここで、『古事記』『日本書紀』における天孫降臨神話について述べます。

天照大神は、子どもと言っていいかどうかわかりませんが、天之忍穂耳命（天忍穂耳尊）を天界（高天原）から地上（日向国の高千穂峰）に降ろそうとしてうまくいかなかった。そこで、孫の邇邇芸命を降ろしましたが、それを天児屋命が助けました。邇邇芸命の曾孫が神武天皇であり、その子孫＝天皇家が皇位を継承するという神話が作られたのです。

よく言われるのが、持統天皇が息子である草壁皇子を即位させようとしたけれども亡くなってしまったので、孫の珂瑠王（文武天皇）を即位させた構図がこの神話と似ていることです。

しかし、『日本書紀』が完成した時点で、文武天皇は亡くなっており、持統太上天皇が次に希望を託したのは、異母妹で蘇我氏系の阿陪皇女（のちの元明天皇）で、阿陪皇女の孫にあたる首皇子（のちの聖武天皇）の即位を期待しました。こうなると、祖母から孫へ、また祖母から孫へという継承になってしまっています。

大宝二（七〇二）年に遣唐使が派遣された時点で、まだ『日本書紀』は完成していませんでしたが（養老四〔七二〇〕年の撰上）、唐で皇祖神が誰かと問われた際、使節のメンバーは高御産巣日神（高皇産霊尊）だと答えたと思われます。なぜなら、まだ天照大神を中心とした神話が整えられていなかったからです。

偉大な歴史学者である故・石母田正先生（法政大学名誉教授）は晩年、『古事記』研究に没頭されていました。前述の青木先生から伺った話では、石母田先生は「遣唐使が在唐時にシルクロードのどこかの神様のことを知り、それを真似て帰国後に創造したのが天照大神である」と述べていたそうです。

そうだとすると、遣唐使が皇祖神も輸入した可能性があります。この時の遣唐使はこれといった成果を上げていませんが、日本が文明国の仲間入りをするきっかけを作ったことはまちがいないでしょう。

女性トップを受け入れる伝統——里中

倉本さんは三重県津市の出身なのに、天照大神にはちょっと冷たい気がします。私の父親が三重県の二見町（現・伊勢市）出身でしたから、私は子どもの頃から、二見興玉神社にある天照大神が隠れたとされる天岩屋などに馴染んでいました。

高御産巣日神は、いざという時に助けてくれる、あるいは、いざという時しか姿を現わさない神様で、人格からかけ離れた絶対的存在です。

いっぽう、天照大神は前述のように非常に人間的な神様で、ひとりでは何も決められない。何か起きると「まあ、どうしましょう。皆さん、どうしたらいいでしょう」と周りの神々に相談します。そして、周りの神々が「こうしたらいかがでしょう。ああしましょう」と助言すると、「ああ、そうね。じゃあ、そうしましょう」と助言を受け入れるのです。

これは、日本人が好む合議制の表われではないでしょうか。その民族が何を気持ちがいいと思うか、何を怖いと思うかといった生理・志向が描かれているので、神話や伝説は侮れません。

女性が権威を持ってトップに立ち、実際の政治は男性が行なうという役割分担は、持統天皇以前にもありました。それが、邪馬台国の卑弥呼です。

中国の歴史書『三国志』魏書「烏丸・鮮卑・東夷伝」倭人条（以下『魏志倭人伝』）には、邪馬台国では卑弥呼という神がかりの女性が神のお告げを聞き、その言葉を元に弟が政治を執ったと書かれています。ここにおける卑弥呼とは、中国人が耳で聞いた音をそのまま漢字にしたものですから、実際は「姫」あるいは「皇女」だったかもしれません。

また、『古事記』には、息長帯比売命（気長足姫尊）つまり神功皇后が神の声を聞き、夫である大王仲哀が政治を行なった例が記されています。

神功皇后が、九州の隼人を討ち取るにはどうしたらよいか、神にお伺いを立てた時、神から「西に行け」と言われました。しかし、西に行ったら海しかない。大王仲哀が「神様は何を馬鹿なことをおっしゃっているのだ」と言ったら、天罰を受けて死んでしまいます。それで、神功皇后が海を渡り、新羅征討に出かけるわけです（「三韓征伐」説話）。この神功皇后こそ卑弥呼ではないかという説もありますが、どうしても年代が合いません。

『魏志倭人伝』によれば、倭国内でさまざまな国のトップである男性たちが権力闘争を繰り広げ、国が乱れた。そこで、卑弥呼という神の声を聞ける女性をトップに立てたら争いが収まったことが記されています。さらに、卑弥呼は長い間、君臨したけれども年を取って亡くなった。そうしたら、国がまた乱れた。そこで、皆でまた相談をして卑弥呼に代わる女性をトップに立てたら争いが収まったとも書かれています。

こうした古代の記録から、日本では古くから権威と権力が分けられていたこと、そしてこのような権力のあり方に日本人が慣れ親しんできたことがわかります。

権威と権力の役割分担が唯一崩れたのが天武天皇の時で、天武天皇は武力によって近江朝廷（大王天智・大友皇子政権、天智六〈六六七〉～天武元〈六七二〉年）を倒して皇位に即きました。ここで権威と権力を二分すると世が乱れると考えた天武天皇は、すべての権威と権力を一手に掌握したのです。ただし、皇后であるのちの持統天皇とふたりで政治を行ないました。

この時だけが日本史上で唯一の例外であり、ユニークな統治方法だったのです。そして、天武天皇は強い天皇であったと私は考えています。ですから、持統天皇はしかたなく即位するほど弱い立場だったわけではなく、即位しようと思えば、すんなりできたのです。

このように考えてくると、「天照大神が最高神である」という日本の神話もあながち創作や捏造と言えないのではないか。もちろん、神話＝事実とは限りませんが、人々が納得する形での物語であったことは確かでしょう。人々が信じない物語など、伝承されませんから。

歴史書、特に『古事記』のなかで、天照大神が最高神とされたのは、持統天皇と藤原不比等が世の中を納得させるために仕組んだフィクションであるという言説は、男性に好まれています。

しかし、日本人は権威と権力を分けて考えることに慣れ親しみ、神がかった女性が権威であることも良しとしてきました。そのような下地があったからこそ、天照大神が最高神であり続け、女性天皇も出現しやすかったのです。

二十一世紀の皇室――里中

二〇一九年四月、今上天皇は生前譲位して皇太子・徳仁（なるひと）親王が天皇になりますが、皇族に男子が少ないこともあって、皇位継承について問題になっています。

明治天皇までは皇后以外にも妻が何人もいましたし、子どもの数も多く、何となく安定していたわけです。皇室典範（こうしつてんぱん）には一夫一婦の規定があるわけではありませんが、大正天皇以降、事実上の一夫一婦制になっています。

藤原氏が権力を握っていた頃、皇子に嫁ぐことが決まると一族を挙げて大喜びしたものですが、現在は皇族になったあとの大変さを考え、ためらいの気持ちが出るというのもわかる気がします。

美智子皇后は、当時の日本において理想的な女性でした。新聞などで「民間からはじめて嫁いだ」などと言われましたが、皇族以外ではじめて天皇家に嫁いだ藤原氏の光明子（こうみょうし）

（光明皇后）という前例があります。

皇太子・徳仁親王や秋篠宮文仁親王の結婚を見ていて「なるほど」と思うのは、今上天皇が美智子皇后を選んだように、今の時代に誰が見ても素敵だと思う理想的な女性を選んだことです。

雅子妃は、ハーバード大学を優秀な成績で卒業後に東京大学に入学し、外務官僚になったキャリアウーマンです。お妃候補として新聞記者に囲まれた時、毅然として「私は違います」と述べた。仕事をしてキャリアを磨いて、自分の意志でものを言う、ちょっと強い女。そういう女性があの時代の理想でした。

皇室といえども、時代と無縁ではいられないということでしょう。

たとえ女性天皇であっても、男系でなければならないと強く主張する人たちがいます。先のことはわかりませんが、時代の推移にともない、その伝統にピリオドが打たれることになる可能性もないとは言えません。

そうなった場合、総理大臣の妻が国のホステスとして国賓のおもてなしをすることになるかもしれませんが、どのようなタイプの女性かわからないという不安感が拭えません。

ですから、国の安定や国民の安心のためには、天皇制の伝統が続いてほしいと思います。

皇位継承問題——倉本

先日、テレビ番組を見ていて驚いたのですが、「女性天皇」と「女系天皇」を混同している人がいました。男女平等の時代だから、天皇が女性でもいいではないかとよく言われますが、きちんとした知識は持っておくべきです。

皇室典範では、皇位継承は父親が皇統に属する、いわゆる男系男子とすることが定められています。皇統譜(こうとうふ)(天皇、皇族の戸籍簿)では、天皇家は今上天皇まで百二十五代を数えます。そのうち女性天皇は八人おりましたが、すべて男系です。そして、女系天皇はひとりもおりません。

一時はあれだけ女帝論議が高まったのに、秋篠宮家に悠仁(ひさひと)親王が生まれた途端に消えてしまいました。議論をしている国会議員たちは、次の次の次の天皇を決める頃には自分は生きていないと思っているので、真剣な議論をしないのです。

このような風潮はよくありません。悠仁親王にふさわしい妃が見つかるか、見つかったとしても男の子ができるか、男の子を授かったとしてもうまく育つか、など不確定要素が多いのですから、きちんと議論をしないといけません。

天皇は国民統合の象徴だというのならば、政府は国民が納得するような対処をする必要があると思います。

第三章

政治と権力闘争を考える

乙巳の変は母子喧嘩⁉——里中

皇極四（六四五）年六月十二日、飛鳥板蓋宮（現・奈良県高市郡明日香村）の大極殿で行なわれていた三韓進調（新羅、百済、高句麗から進貢に来た使者を迎える）の儀式の最中に、中臣鎌足、蘇我石川麻呂らと謀った中大兄皇子は、蘇我入鹿を大王皇極の前で暗殺しました。

その後、中大兄皇子は飛鳥寺に立て籠もり、味方の軍勢で守りを固めます。対して、蘇我氏は「もはや、これまで」と早々と諦めてしまいます。蘇我氏は武器も財産も豊富だったので、本気で戦えば勝利したかもしれませんが、翌日、入鹿の父親であり、当主の蝦夷は自邸に火をかけ、自害しました。

蘇我入鹿の従兄弟・古人大兄皇子は事件の際に大極殿にいましたが、逃げ帰り、出家して吉野（現・奈良県吉野郡）へ逃れます。そして謀反の疑いにより攻められ、九月十二日に殺害されました。

これが乙巳の変ですが、私の世代では「大化改新」と習ったため、乙巳の変という言い方にはなかなか慣れません。

歴史上の出来事は普通、ある時点を捉えて、その出来事が起きたとするのですが、実際には、時間をかけて次第に固まってくるケースがほとんどです。ですから、乙巳の変にしても、いきなり起きたのではなく、時の流れのなかで、さまざまな人たちの思惑が絡み合って起こりました。そのなかで、蘇我入鹿の暗殺という象徴的な事件をきっかけに潮流が変わる節目があり、それを乙巳の変と名づけたわけです。

「変」という言葉を使うと、「乱」ほどではなくても、大化改新という言葉よりも大事件のような印象を与え、社会を巻き込んだ大きなうねりのように感じますが、中大兄皇子と中臣鎌足、蘇我石川麻呂ら三人が共謀して蘇我氏を倒したという単純なことではなく、世の中の動きと連動していると見たほうがよいでしょう。

私の見立てでは、乙巳の変の背景には、中大兄皇子と母親である大王皇極との母子喧嘩という側面があるように思います。

それまでも蘇我氏が政治を動かしてきましたが、大王皇極も例に漏れず、蘇我氏を寵愛しました。跡継ぎである中大兄皇子は、母親の大王皇極に「もっとしっかりしないと、このままでは天皇の座も危うくなりますよ」と忠告したのですが、いくら言っても聞いてくれないので実力行使に出たのです。

当時、中大兄皇子はまだ二〇歳。現代で言えば高校生ですから、そのような若者に何ができるかという感じがありますが、当時は一七〜一八歳なら立派な大人と目されました。

蘇我石川麻呂は、今のような驕ったやり方では蘇我氏が持たないと考えて、中大兄皇子の側に与しました。それは企みというよりは「こうしたほうが、国がよくなる」という理想を追い求める気持ちから出たものだったと思います。

ですから、わかりやすく言えば、理想に燃えた若い息子が、周りにいた革新的なリーダーたちと同調して「お母さんのやり方は古い。目を覚ましなさい」と言って親に反抗した事件だと思うのです。

歴史学者たちの解釈——倉本

乙巳の変を一言で言えば、中大兄皇子と中臣鎌足が蘇我本宗家を倒した事件です。本宗家とは、稲目、馬子、蝦夷、入鹿と続いた蘇我氏の嫡流のことです(図表7)。

蘇我氏を倒したといっても本宗家を滅ぼしただけで、蘇我氏の主流が馬子の孫である蘇

図表7 蘇我氏の系図

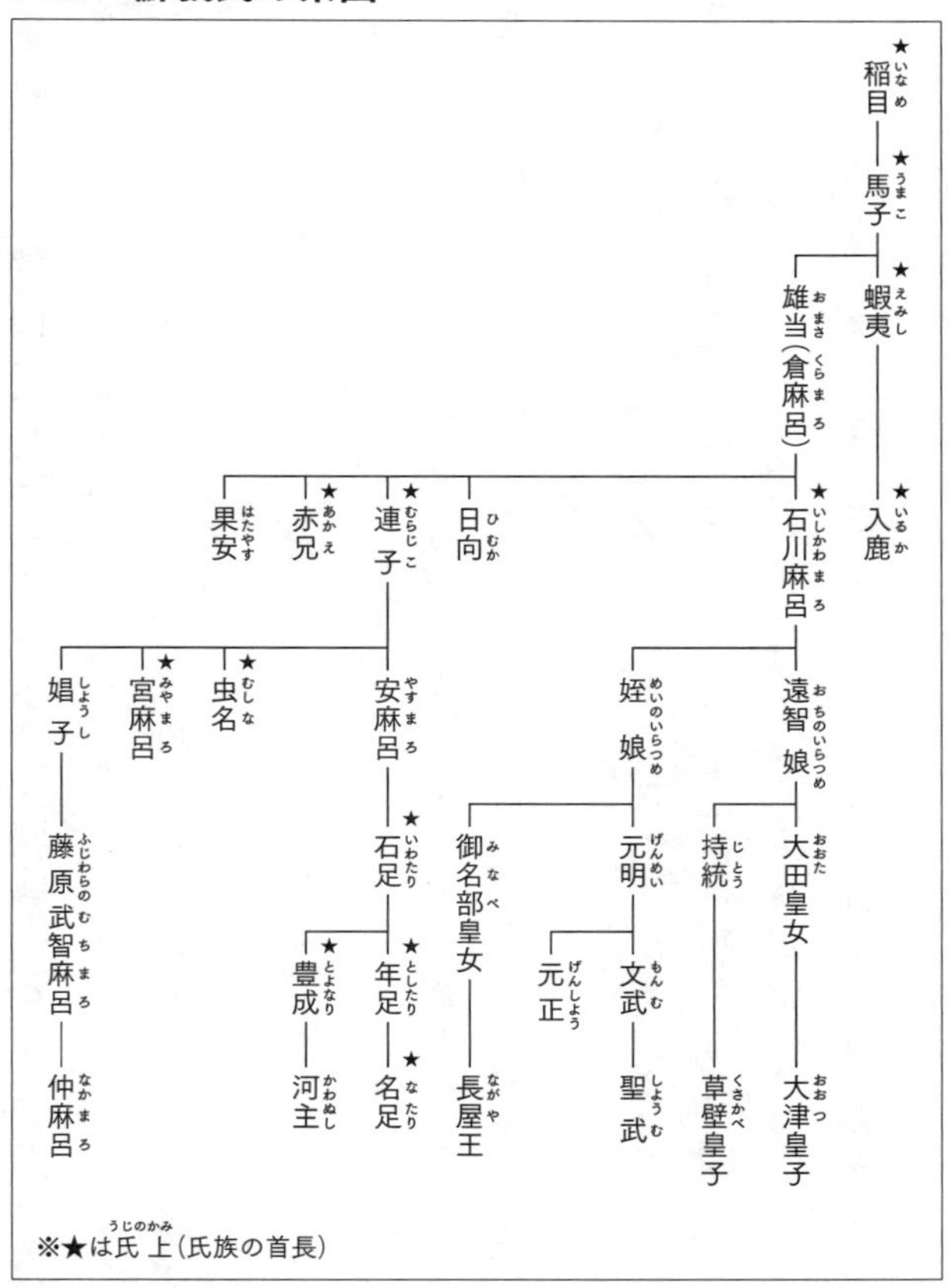

★稲目（いなめ）
★馬子（うまこ）
★蝦夷（えみし）
雄当（おまさ）（倉麻呂（くらまろ））
★入鹿（いるか）
★石川麻呂（いしかわまろ）
日向（ひむか）
★連子（むらじこ）
★赤兄（あかえ）
果安（はたやす）
遠智娘（おちのいらつめ）
姪娘（めいのいらつめ）
安麻呂（やすまろ）
★虫名（むしな）
★宮麻呂（みやまろ）
娼子（しょうし）
大田皇女（おおた）
持統（じとう）
元明（げんめい）
御名部皇女（みなべ）
★石足（いわたり）
藤原武智麻呂（ふじわらのむちまろ）
文武（もんむ）
元正（げんしょう）
★年足（としたり）
★豊成（とよなり）
大津皇子（おおつ）
草壁皇子（くさかべ）
聖武（しょうむ）
長屋王（ながや）
★名足（なたり）
河主（かわぬし）
仲麻呂（なかまろ）
※★は氏上（うじのかみ）（氏族の首長）

我石川麻呂の系統に代わっただけのことです。「倉麻呂系」と呼ばれる蘇我氏は、二上山の西にあたる河内飛鳥を地盤にしていました。蘇我氏は大きく分けると飛鳥系と河内系のふたつに分かれますが、主流が飛鳥系から河内系に代わっただけで、勢力は落ちていません。

中大兄皇子の本当の目的は、蘇我氏系の皇族で、有力な皇位継承者である古人大兄皇子を倒すことでした。これによって、一気に大王位の継承順位が上がるからです。

「変」や「乱」という言葉には、政治的な含意があります。戦争やクーデターとして扱いたくないために、満州事変(一九三一～一九三三年)、ノモンハン事件(一九三九年)という言い方をしているのと同じです。

大化改新という言葉は、『日本書紀』にも『続日本紀』にも出てきません。にもかかわらず、なぜこの言葉を使ったかというと、聖徳太子が目指した理想の国家づくりを妨げたのが蘇我氏であり、その悪い蘇我氏を倒したのが中大兄皇子や中臣鎌足であるという、故・坂本太郎先生(東京大学名誉教授)を中心とした、戦前・戦後の歴史学者たちの歴史観によるものです。

この史観に立てば、「中大兄皇子が蘇我氏を倒してからも抵抗勢力があって理想の国家づくりがうまくいかなかった。それを一気に解決したのが壬申の乱である」という解釈になります。ここで言う理想の国家とは、天皇を中心とした中央集権の律令国家のことです。

ただし、前述のように、律令国家が成立した奈良時代は、重税を課された民衆にとって悲惨な時代だったと言わざるを得ません。

ここで、なぜ乙巳の変という言葉が出てきたのかを解説しておきます。

一九六八年頃、明治維新からちょうど一〇〇年経ったということで、佐藤栄作政権下で明治百年記念運動が展開されたことがあります。これに、京都を中心にした学会は明治維新の国づくりはまちがっているとして反発、日本史上で起きた数々の政変を見直すべきだと主張しました。

このなかで、見直し対象として俎上に上がったのが、「大化改新」「建武の新政」「明治維新」でした。しかし、クーデター自体はあったわけですから、これをまったく否定するわけにもいきません。それで、乙巳の変という言い方に変えたのです。

乙巳の変の背景には母子喧嘩もあったと思いますが、中国に唐という強力な統一国家が成立したことや、北東アジアが戦争状態にあったことが背景にあることはまちがいありません。

大化改新はなかったのか——倉本

大化改新については、大化二（六四六）年に出たとされる「改新の詔(みことのり)」はなかったというのが、学界の共通認識です。しかし、最近発掘された木簡や『日本書紀』以外の史料を突き合わせると、何らかの政治改革があったと見たほうがいい。

つまり、大化改新という言葉を復活してもいいのですが、今のところ、乙巳の変を使っているというわけです。ちなみに、私は「大化改新」と、カギカッコをつけて使っています。

いっぽう、大化五（六四九）年に「天下立評(てんかりつぴょう)」が行なわれたことは確実です。「評」は「こおり」と読み、のちに「郡(ぐん)」となる行政区画のことで、国の下に置かれました。最近は市町村合併によって郡はなくなりつつありますが、この時に郡にあたるものを作ったということです。

これは地方支配が確立したことを意味します。だから、「大化改新」と言ってもいいのではないかとも思います。しかし、この体制が中央集権国家とまで言えないのは、まだ「拠点支配」だからです。

たとえば、愛知県名古屋市の中心部に○○という豪族が住み、租税が集まることを中央政府が把握し、「兵を出せ」と命じたら、応じさせるのが拠点支配です。もちろん、豪族は本当のことを言いません。豪族は土地と人間を支配していますが、どれだけの土地があり、どれだけの人間がいるか、中央政府には詳しく教えないのです。

中央政府から「租税をもっと出せ」と命じられると、「あまり米が穫れないので、これしか出せません」と答える。また、当時は成人男子の四人に一人が兵士に取られましたが、「戦争をするから兵を出せ」と命じられると「あまり人がいないので、これしか兵を出せません」と徴兵を渋りました。

これが八世紀になると、「領域支配」になります。たとえば、名古屋市に中区があり、栄という町があって、三丁目二番地一号に○○という人が住んでおり、年収はどのくらいあるかを調べ上げ、個別に租税や兵役を課すわけです。その人の左手外側に傷が、右頬にホクロがあるといったことまで戸籍に書き込まれます。それを可能にしたのが、天智九（六七〇）年に作られた、最初の全国的戸籍・庚午年籍です。

領域支配では、○○国の△△評にはどれだけの人間が住んでいて、どれだけの租税が集まり、どれだけの兵士を出せるか、までを中央政府が把握する。つまり、中央集権国家による完璧な支配体制です。

だから、天下立評が出されて以後の七世紀は、領域支配には至っていないものの、厩戸皇子（聖徳太子）の時代とはまったく異なる強力な支配体制が布かれたわけです。その意味で、「大化改新」は一定の成果があったと見るべきでしょう。

歴史の転換点――里中

拠点支配では、日本という国土を全体として認識している人たちと、自分が支配しているエリアのことだけを考えている人たちが、別々の利益を求めていました。ところが、領域支配では国家＝国民＝国土という認識になり、住んでいる人たちは自分が国民であることを意識するようになったわけです。

そうなると、毎日食べていければいい、自分たちが幸せならいいという狭い考えではなく、もっと広く、国レベルで考えなければいけなくなりました。その転換点とも言えるのが、改新の詔だったと思います。

評（郡）が設けられたのは大化五（六四九）年ですが、各地の豪族が実際に土地と人民を手放したのは、天武元（六七二）年に起こった壬申の乱が終わり、天武朝になってからです。

また、日本という国家が正式に成立したのを大宝元（七〇一）年とすると、乙巳の変から五六年も経っています。持統天皇が生まれたのが乙巳の変が起きた皇極四（六四五）年で、亡くなったのが大宝二（七〇二）年ですから、ちょうど持統天皇が生きた時代に重なります。

言わば六〇年足らずで国家の基礎を築いたわけですから、かなり頑張りましたが、八方丸く収まるというわけにはいきませんでした。おそらく、よかれと思ってやったことでしょうが、それぞれの思惑が入り乱れて混乱を引き起こしました。

乙巳の変か、それとも大化改新かという呼称は別にして、この時期は大きな転換点であり、国の基本を政治・経済・外交面からも大きく変えた時期でした。混乱は必至だったでしょう。

乙巳の変をサスペンスドラマ風に見た場合、中大兄皇子からすれば、母親である大王皇極が退位する、あるいは死去するまで待てなかったということになります。大王皇極の死去後、自分が皇位に即けるかはまったく不確実であり、実力行使するしかないと思ったのでしょう。それにしても、繰り返しになりますが、今で言えば高校生の年頃ですから、相当な決断だったと思います。

『天上の虹』では中大兄皇子の若い頃も描いていますが、乙巳の変の時にはすでに子どもがいました。今だったら高校生が女の子に子どもを産ませたといって大騒ぎになるところですが、当時は珍しいことではありませんでした。昔の人が早熟だったのは、平均寿命が短かったせいもあるかもしれません。

大王皇極（当時は宝皇女）は前夫・高向王（たかむく）との間に子ども・漢皇子（あや）がいましたが、蘇我氏を頼り、大王舒明と再婚して大后となり、大王舒明が死去すると皇位に即きました。中大兄皇子が「お母さん、退位してください」と言った時に、抵抗しないで受け入れたように言い伝えられていますが、実際のところはどうだったのか、よくわかっていません。

反対派は殺すしかない――倉本

乙巳の変は、軍事面での転換でもありました。

当時、中国が隋や唐として統一され、強力な帝国の出現に日本は危機感を募らせていました。そして、国土を防衛すると共に、朝鮮半島情勢にどのようにして介入するかが課題となり、兵士と兵糧米を効率よく徴発することが最大の目的となりました。

蘇我氏を滅ぼした側に、悪気はありませんでした。兵士や兵糧米を徴発するために、蘇我入鹿のように優秀な人間が独裁的な権力を持って断行したほうがいいか、中臣鎌足のように有力な皇族を旗印に立てて実施したほうがいいかという方針の選択で争ったのです。おたがい妥協できなかったため、中臣鎌足の側が蘇我入鹿を殺してしまったというのが乙巳の変の顚末です。

中大兄皇子はおそらく、何もしなかったら殺されると思っていました。蘇我入鹿が大王にしたかったのは、中大兄皇子の異母兄弟で蘇我氏系の古人大兄皇子でしたから、中大兄皇子は邪魔者でしかない。兄弟仲が睦まじいのは、親から受け継ぐものがない場合です。現代でも、財産家や企業経営者の子どもたちのように受け継ぐものが大きいと、その仲は悪くなるのが普通です。

しかも当時は、反対派は殺すしかないという野蛮な時代でした。中大兄皇子は何もしなければ蘇我入鹿に殺される可能性が高い以上、どちらが先にやるかという問題だったと思います。だから、中大兄皇子は止むに止まれず蘇我入鹿を殺したという面があります。

大王皇極は乙巳の変後、大王の位を弟の孝徳に譲りましたが、権力は握り続けました。大王孝徳よりも、皇祖母となった皇極のほうが影響力は大きく、案の定、大王孝徳の死去後、すぐに復帰して、大王斉明として重祚しました。

私たちは親子、夫婦、兄弟姉妹はひとつ屋根の下で仲よく暮らすというイメージを持っていますが、有力な王族の場合、ひとりひとりが広大な土地と人間を持ち、側近もたくさん抱えており、それぞれがひとつの派閥の長でもあるのです。

たとえば、里中さんが「戦友」とした天武天皇（当時は大海人皇子）と持統天皇（当時は鸕野皇女）も、それぞれ大海人派、鸕野派の派閥の長でした。もちろん夫婦間の愛情はあったと思いますが、私たちのイメージとはまったく違う政治的な関係にあったのです。

仮名の発明――倉本

七世紀頃、徴兵されて戦ったのは農民たちでした。兵士になって「蘇我氏を殺せ」と命じられた者もいれば、「白村江に行け」と言われて朝鮮半島に遠征した者もいました。壬申の乱で「近江朝廷を攻めろ」と言われた者もいたのです。

そのなかを生き残り、戦国時代を生き延び、江戸時代の飢饉を乗り切り、太平洋戦争でも死なずにいたからこそ、今、子孫の私たちが生きていると思うと、本当に先祖に感謝して生きなければいけないと思います。

さて、何がこの国を形作ったかというと、大陸と海を隔てた島国であることや、稲作が伝来したことが挙げられますが、もうひとつ挙げるとすれば、仮名の発明です。

これがあったから、七世紀には庶民でも、ある程度は読み書きができるようになっていました。それも都の周辺だけでなく、全国津々浦々で読み書きができたので、文明国になれたのです。

まず漢字が本来持つ意味を捨て、音だけを用いた万葉仮名ができました。次いで万葉仮名を草書体にした草仮名、さらに漢字の一部だけを用いた片仮名、草仮名を簡略化した平仮名が作られました。万葉仮名は『万葉集』に用いられたため、その名がついたのですが、七世紀後半には使われていたというのが定説となっています。

中国では、高級官僚や知識層は漢文でやりとりしていましたが、庶民は読み書きができませんでした。仮名が発明されなかったため、何と二十世紀後半の文化大革命（一九六六〜一九七六年）の頃に簡体字が普及、はじめて庶民も読み書きができるようになりました。朝鮮半島も十五世紀にハングルができ、ようやく庶民も読み書きできるようになりました。

東アジアで中国と日本以外に律令を作った先進国・ベトナムですら、ついに表音文字が発明されませんでした。フランス語のアルファベットに六種類の記号をつけた文字を使っています。

古代の日本のことが書かれている古い史料が木簡ですが、地方でも作られていました。

現代でも小包に荷札をつけますが、荷札は奈良時代以前からありました。地方の役所に租税を納める時、その品についていた荷札が出土します。この荷札に書いてある文字から研究が進んでいます。どこからどこに向けて、何をどれぐらい送ったかが書かれており、当時の物流や権力の一端が解明されるわけです。

驚異的な識字率の高さ──里中

倉本さんが言われるように、こうして生きているのが、本当に奇跡だと思うことがあります。先祖のどこかで途絶えていたら、私は今ここにいないわけですから。そういう意味では、皆が奇跡の塊です。

朝鮮系の人たちは先祖をすごく大事にされていて、何十代も遡れる系図を持っているのには驚きます。朝鮮半島ではいくつもの民族や国が入り乱れ、中国にも侵略されましたから、そのルーツが自分のアイデンティティになっているのです。

いっぽう、日本人はそれほど家系や先祖にこだわらなくても、やって来られた面がありました。五代前が誰なのかわからなくても、何の支障もないからです。

よく日本人はオリジナリティがないと言われますが、それは違うと思います。たとえば、おたがいに自分の役割を超えたところで相手に親切にするところなど、とても日本人らしいと思います。あるいは、伝統を大切にしながらも、そこから先に発展させることに躊躇しないところも、日本人らしさです。その典型が、仮名の発明です。

周りの国々では、漢字を使って漢文で公式文書をやりとりしていました。言わば中国の言語・漢字に支配されていたわけです。日本でも、それで事足りていたにもかかわらず、万葉仮名を作り出しました。日本人が当時話していた大和言葉を表現するために、漢字で当て字をしたのです。

庚午年籍をはじめとする戸籍は、まず各地域で作成し、郡を通じて中央に上げていました。ですから、全国各地に漢字で書ける人がいたのです。

日本人の識字率の高さを示す逸話として、三行半があります。三行半とは江戸時代、庶民が離婚する際に夫から妻に渡した離縁状のことで、文字通り、文章を三行半程度で書かねばなりませんでした。当然、読み書きができなければなりません。

また、お尋ね者の高札にしても、似顔絵を描いた場合もあるでしょうが、文章でも書かれていました。

『万葉集』には、東北地方から九州へ沿岸防備のために送られた農民たちの歌（防人歌）が載っていますが、その夥しい数からも、当時の識字率の高さがわかります。ちなみに、防人歌は大伴家持の編纂部分に多く、方言のまま掲載されています。

中臣鎌足は大人物ではない!?——倉本

大王皇極の治世下、蘇我入鹿は大臣として実権を握っていたので、思ったように国づくりをしようとしました。いっぽう中臣鎌足は、神祇（朝廷の祭祀）を掌るという中臣氏の本来の仕事が定められており、国の政策決定には関われませんでした。だから、何とかしなければならないと意を決して、乙巳の変を起こしたのだろうと私は思っていました。

中臣鎌足が行なったことは、『日本書紀』と『藤氏家伝』に記載されていますが、いずれも藤原氏が作った原史料にもとづいて書かれています。

『藤氏家伝』とは藤原氏の祖先の伝記で、鎌足とその長子の定慧について書かれた上巻

「大織冠伝」「定慧伝」と、鎌足の孫・藤原武智麻呂について書かれた下巻「武智麻呂伝」から成ります。鎌足の曾孫・藤原仲麻呂が書いた上巻には、鎌足が亡くなる間際、「藤原」という姓と「大織冠」という位（大化三〔六四七〕年制定の冠位十三階における最高位）を授かり、内臣から大臣になったことが記されています。

このように、先祖である鎌足が偉大だったことを示せば、子や孫も曾孫も偉いことを誇示できます。つまり、自分たちを大きく見せるために、鎌足を必要以上に偉くしたわけです。ということは、『藤氏家伝』は史実ではない可能性がある。

そうなると、藤原氏は、実は藤原不比等から始まったのではないか。不比等が息子・武智麻呂や房前の出世を有利にするために、鎌足が偉かったという話を作ったのではないか、そして仲麻呂が自己の栄達のために鎌足と武智麻呂を偉大に描いたのではないか。これは、私の仮説です。

鎌足の足跡については、証拠となるものがほとんど残っていません。つまり、実際には大して権力のない人物だった可能性があるわけです。

しかし、藤原不比等はすごい人物でした。蘇我氏の女性と結婚して蘇我氏の権力を受け継ぎ、渡来系氏族を支配下に置きました。律令を制定し、平城京を作り、興福寺を建てました。興福寺からは、平城宮（現・奈良県奈良市）や都全体を見降ろすことができます。

また、自邸を皇太子・首皇子の宮の隣に構えましたが、自邸から直接、首皇子の住んでいた平城宮の東院に行けるのです（141ページの図表8）。これほど、権力を象徴しているものはありません。

藤原不比等は黒幕だった――里中

藤原不比等については、宮中および政治を裏で操っていた黒幕であり、最大のプロデューサーだったという見方がされています。あれもこれも、はては何でも不比等が行なったと主張し、不比等がいなければ日本はこうなっていなかったとまで言う人がいます。

裏で操っているという物語が、日本人はとても好きです。一時期、日本の政界では何でも小沢一郎が決めていると言われた時期がありました。ずっと前には、田中角栄が「闇将軍」とか「キングメーカー」などと言われました。

小沢さんは表に出ず、ナンバー2として動いていましたが、小沢さんがひとりで全体を動かしているというのは、あまりにも単純すぎる話だと思います。

不比等も裏で動いたのでしょうが、彼ひとりで行なったのではないでしょう。持統天皇との強いつながりをバックに政治を断行したわけです。彼ひとりで行なったとする人は、あまりに持統天皇の力を軽視しているのではないでしょうか。

不比等は蘇我氏の失敗を見ていたため、同じまちがいをするまいと気を引き締めていたのでしょう。しかし、平城京を作る際に、皇居の離れのような場所に、大きな屋敷を建てたのは「ちょっと、やりすぎかな」と思います。

藤原氏については、本章の最後で改めて考察したいと思います。

壬申の乱の原因・里中説——里中

天智十（六七一）年、大王天智は病（やまい）に倒れます。その病状は重く、遠からず、次の天皇が即位することは明らかでした。もし大友皇子が即位すれば、天武天皇（当時は大海人皇子）の立場は悪くなる。いっぽう、大海人皇子が跡を継いだら、これはこれで一悶着（ひともんちゃく）あるだろうと、持統天皇（当時は鸕野皇女）はドキドキしていたと思います。

図表8 平城京略図

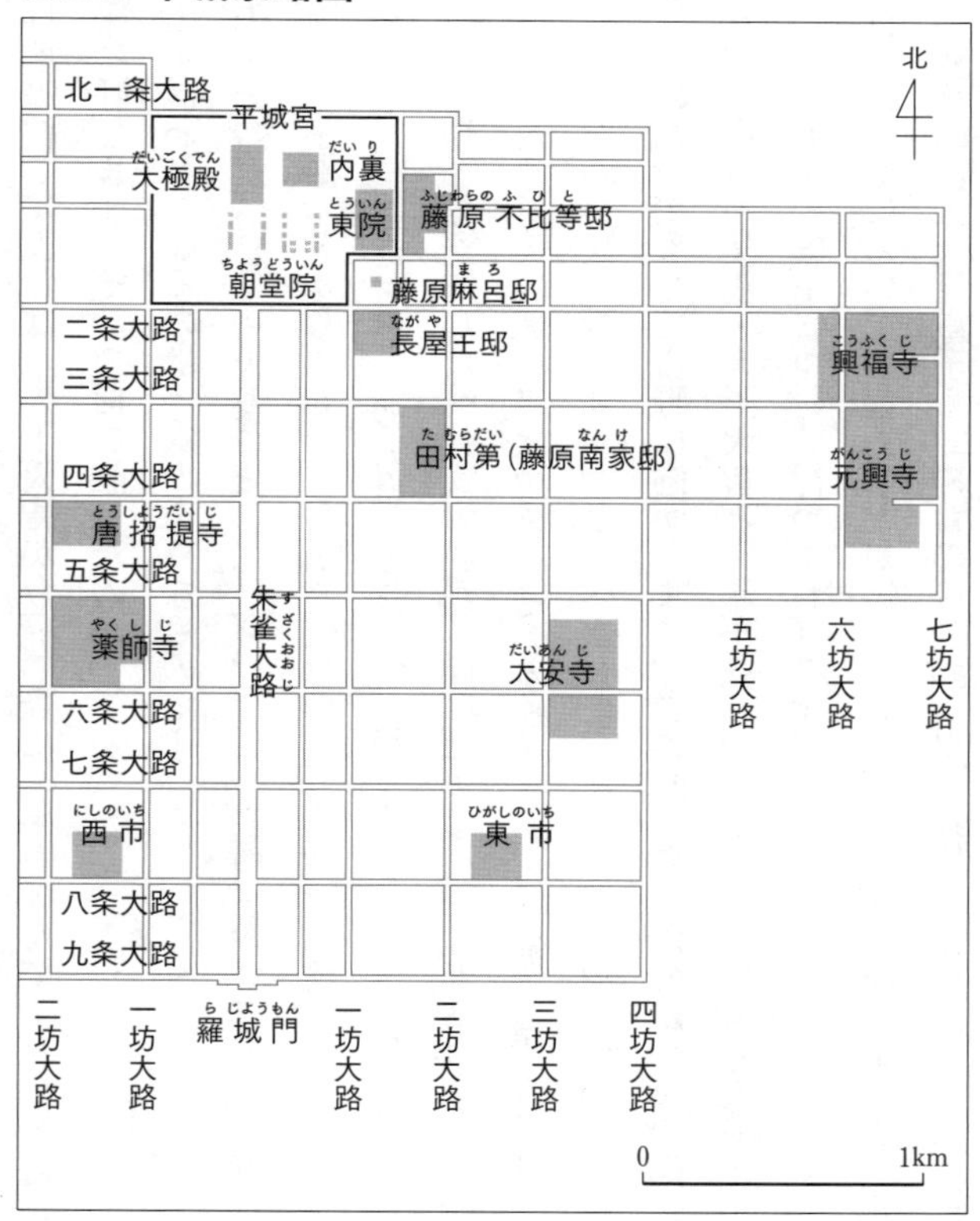
北
北一条大路
平城宮
大極殿
内裏
東院
朝堂院
藤原不比等邸
藤原麻呂邸
長屋王邸
興福寺
二条大路
三条大路
田村第（藤原南家邸）
元興寺
四条大路
唐招提寺
五条大路
朱雀大路
薬師寺
大安寺
五坊大路
六坊大路
七坊大路
六条大路
七条大路
西市
東市
八条大路
九条大路
二坊大路
一坊大路
羅城門
一坊大路
二坊大路
三坊大路
四坊大路
0
1km

『日本書紀』によれば、大王天智が今際の際に「弟を呼んでくれ」と言い、大海人皇子を病床に呼びます。そこで何を話したのか――。

よく言われているのは、次のようなものです。

大王天智が「息子・大友では心許ないから、お前に頼む」と皇位継承を申し出た際、大海人皇子が「わかりました。お引き受けいたします」と答えたら、天皇の位を狙っていたとして、臣下たちが大海人皇子を逮捕・殺害するために、兵を控えさせていた。しかし、その動きを察知した蘇我安麻呂が「罠にはまる可能性があります。絶対に受諾してはいけません」と大海人皇子に忠告。それを聞き入れた大海人皇子は固辞し、「今から僧となり、兄上の全快を祈ります」と述べました。そして、宮中の仏殿を借りると、髪を落とし、その場で出家して吉野に向かいます。この時に従ったのが、妻の鸕野皇女です。鸕野皇女は、病気の父親・大王天智と、跡を継いで天皇になるであろう異母弟・大友皇子を残し、夫・大海人皇子について行ったわけです。

日本の歴史において、権力者と対峙する時、身を隠す場所によく吉野が選ばれます。乙巳の変後の古人大兄皇子も、のちの後醍醐天皇（在位・文保二〔一三一八〕～暦応二・延元四（一三三九）年）もそうでした。都から近く、なおかつ要害の地だからです。

天武天皇は吉野に入ると、僧になったように見せかけて吉野宮（現・奈良県吉野郡吉野町）に籠もります。そして大王天智の没後、大友皇子に対して挙兵。近江朝廷の正統な跡継ぎをめぐって、周りからけしかけられて戦ったのです。

大王天智が亡くなったあと、大友皇子が皇位を継いだか継がなかったかについては諸説あります。『日本書紀』『古事記』では継いでいないという立場ですが、明治の世になった一八七〇年、政府は弘文天皇という諡（諡号）を贈っています。

壬申の乱の原因・倉本説——倉本

壬申の乱の筋書きについて、私の解釈は次の通りです。

図表4（62〜63ページ）を見るとわかるように、大王天智と大海人皇子は同格の兄弟です。当時は、まだ嫡系相続（嫡流の長子による相続）ではなく兄弟相続ですから、大王天智が亡くなったら、弟の大海人皇子が即位するのはあたりまえのことでした。

大海人皇子が即位を断わったことも、形式的なことと考えたほうがいいでしょう。「お前に譲る」と言われて「はい、わかりました」とすぐに受けるのは、日本の伝統的な醇風美俗に反します。一度断わってから、三度目くらいの依頼で受けるのが通例です。

その例外が、第八代将軍・徳川吉宗です。正徳六（一七一六）年、第七代将軍・徳川家継が早世すると、御三家の筆頭である尾張藩の藩主・徳川継友に就任依頼の話が来ます。形式どおり、継友は断わります。次に、紀州藩の藩主だった吉宗に話が回ってきます。吉宗は断わると思いきや、「わかりました。お受けいたします」と返答。継友は将軍になることなく、尾張藩主として生涯を終えました。落語の「紀州」でも、お馴染みです。結局、尾張藩からは将軍を出すことなく、幕末を迎えるのです。

大海人皇子は、放っておいても、いずれは自分が皇位に即くと考えていました。最初の申し出は断わって帰るけれども、また呼び出されて申し出があるだろう、と。ところが、呼び出しがこないうちに、大王天智が死去してしまいます。それでも、いずれは群臣（臣下）たちが自分を次期大王に推挙すると思っていたはずです。

なぜなら、大友皇子には大王になる資格がなかったからです。大友皇子は大王天智の長子ですが、母親の伊賀采女宅子娘は采女（大王・天皇、大后・皇后の日常の雑事に携わった女性）出身ですから、生まれた皇子は王族になる資格もありませんでした。
いくつかの本には、伊賀采女宅子娘を卑しい地方豪族の娘と書いてあるのですが、三重県人としてはいささか腹が立つ記述です。ちなみに、伊賀でも名張（現・三重県西部）の横河までは畿内です。

後年、聖武天皇は神亀元（七二四）年に即位しましたが、母親が皇族ではないために、激しい抵抗がありました。藤原氏の母親ですら反発があるのだから、地方豪族の母親から生まれた子どもが大王になることはあり得ないのです。

遡れば、大王安閑（『日本書紀』の在位・安閑元〔五三四〕～同四〔五三六〕年）と大王宣化（同在位・宣化元〔五三六〕～同四〔五三九〕年）の母親は、尾張の豪族の娘である尾張目子媛ですが、本当に即位したかどうかは不明です。

例外としては、大王応神の五世の孫とされる大王継体（同在位・継体元〔五〇七〕～同二十五〔五三一〕年）がありますが、そもそも越前の地方豪族だったのですから、致し方ありません。

だから、大海人皇子は、自分に大王位が来ると思っていたのです。しかし、戦乱を起こしてから即位したほうが好ましいと判断したのではないか。

当時は、白村江の敗戦の後遺症が残っていました。大王天智は「唐が攻めてくる」と煽って最初の戸籍・庚午年籍を作りましたが、豪族たちは不満でした。ところが、唐と新羅が戦争を始め、両方から援軍要請が来ます。彼らは「騙された」と思い、大王天智に恨みを抱いたのです。

大王天智は翌年に亡くなったから、それ以上責められることはなかったものの、大海人皇子がそのまま即位すると、大王天智の負の遺産を受け継ぐことになる。そうであれば、大王天智の皇子を倒し、いったんリセットしてから即位したほうがいいだろう、というのが、大海人皇子の思惑だったと思います。

いっぽう、持統天皇(当時は鸕野皇女)は、大王天智の跡継ぎが大津王になることを恐れていました。大津王は母親が早く亡くなったため、大王天智に育てられています。だから、大王天智は大津王が可愛い。鸕野皇女としては、自分のお腹を痛めた草壁王を跡継ぎにしたい。それで、夫と共に壬申の乱を起こして近江朝廷を倒そうとしたのです。

ちなみに、大海人皇子が大王天智からの譲位の申し出を断わって出家したのは、鸕野皇

図表9　壬申の乱の推移

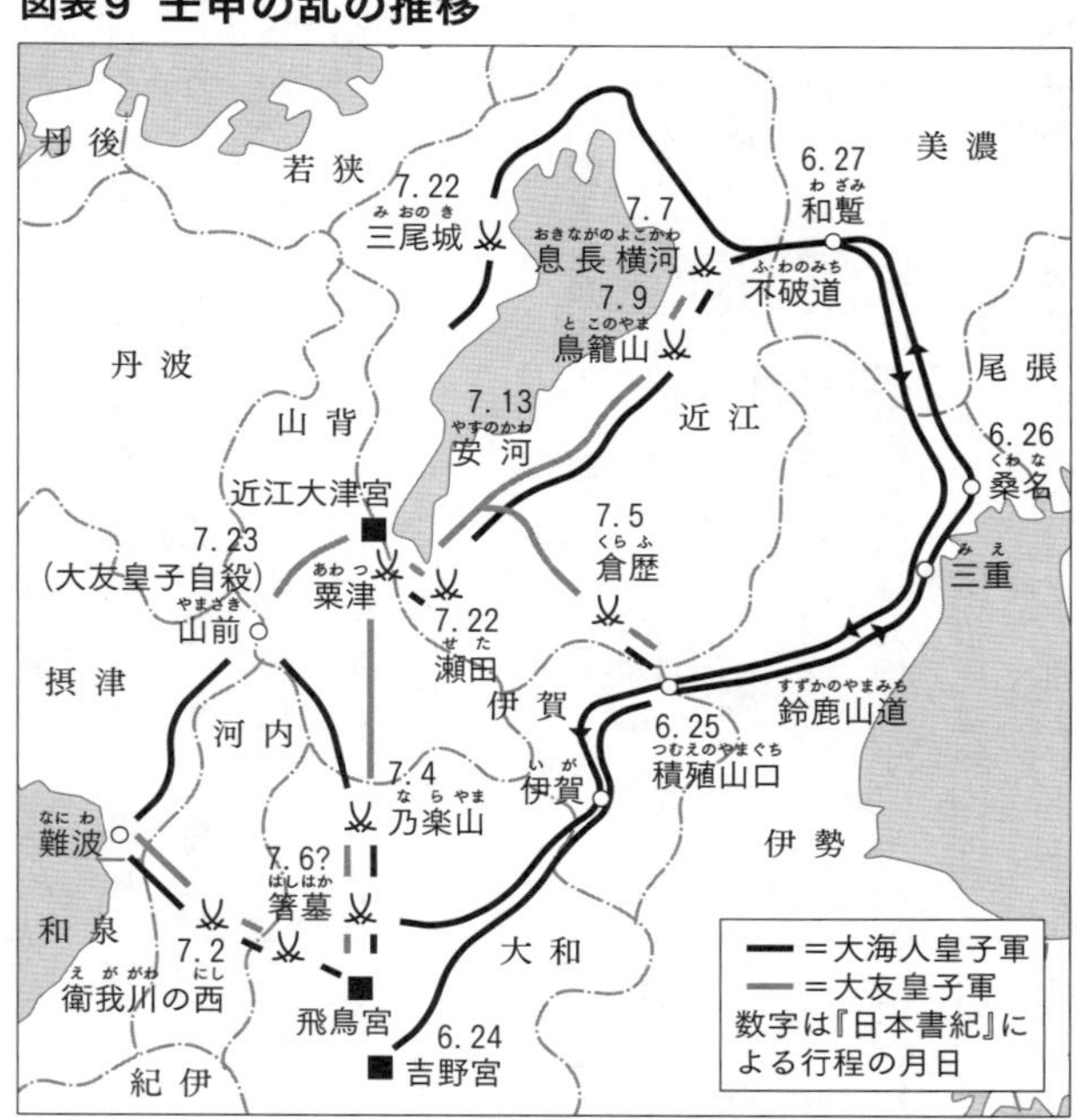

女に言われたからであり、吉野を進発してからの戦略もおそらく彼女が立てたのでしょう。

草壁王は、まだ子どもですから戦闘に参加できませんが、一緒に吉野に行き、伊勢の桑名（現・三重県桑名市）まで同行しました（図表9）。

大津王は、近江大津宮（現・滋賀県大津市）にいました。鸕野皇女は、自分たちが吉野から進発したことが伝わったら、大津王は殺されると考えていたと思います。つまり、自分の子である草壁王は引き連れて、大海人皇子の跡継ぎにする。いっぽう、大津王は近江朝廷の手で殺してもらう。そのために壬申の乱を起こしたのではないか。

これが、私が一〇年ほど前に唱えた仮説です。これまで、里中さんが解説した筋書きが通説でした。これにはじめて反対したのが私の仮説です。以来、これといった反論が出されていないので、自分としては承認されたものと考えています。

最大の功労者を殺害——倉本

壬申の乱の帰趨を決したのは、尾張の兵でした。大海人皇子が吉野を出発する時点で、伊賀・伊勢・美濃の国宰（のちの国司）は大海人皇子に味方をすることで話がついていましたが、尾張だけはまだでした。

尾張の国宰は小子部鉏鉤という人物です。その配下にいた評司（のちの郡司）の尾張氏が、兵を動かしていました。尾張氏は熱田神宮を主宰する氏族で、熱田神宮のすぐ近くにある断夫山古墳は六世紀前半の尾張氏の首長の墓と言われています。

尾張氏の配下に、大海氏という地方豪族がいました。海部郡一帯を支配し、伊勢湾の海運を牛耳り、大海人皇子を育てた氏族です。海部俊樹元首相など、海部という苗字の方は大海氏の末裔の可能性があります。

壬申の乱で、大海人皇子が不破郡の郡家まで来た時、小子部鉏鉤の軍勢二万人を接収します。そして、この兵を三方面に分けて進軍させ、大友皇子を倒したのです。二万人というのはオーバーな数字ですが、この軍勢によって戦闘が決したとなると、小子部鉏鉤は最大の功労者となるはずです。

ところが、『日本書紀』によれば、壬申の乱のあと、小子部鉏鉤は自害し、大海人皇子はそれを聞いて「何の罪もないのに死んだのには、訳があるだろう」と言ったと記されています。これは、実際には殺してしまったけれども、殺したとは書けないので自害したことにしたものと見られます。

小子部氏は五世紀には大王家の側近だったにもかかわらず、その後の記録にはひとりも出てきません。おそらく一族すべてが没落したのでしょう。

歌から読み解く、持統天皇の内面①——里中

天武天皇にとって、持統天皇が皇后だったことは幸運でした。

当時の人たちの心の内を知ることができるのが『万葉集』に残された歌です。そのなかで、持統天皇の歌は構成がしっかりしていて、女性らしくないのが特徴です。

額田女王の歌も構成がしっかりしています。ただ気持ちを詠んだのではなく、きちんとした筋立てができていて、ドラマ性に富んでいます。額田女王には恋の歌が多く、「恋多き女」と誤解されていますが、実は大変に頭のいい女性です。

同様に、持統天皇も非常に冷静で、広い視野の持ち主だったと思います。ただし、例外もあります。恋の歌は非常に女性らしいのです。『万葉集』のなかに二首、感情が迸る歌があります。それが天武天皇の崩御後、殯（陵墓ができるまで遺体を棺に納めて安置して礼を尽くす）の最中に詠んだ、次の歌です。

やすみしし　我が大君の　夕されば　見したまふらし　明け来れば　問ひたまふらし
神岳の　山の黄葉を　今日もかも　問ひたまはまし　明日もかも　見したまはまし

その山を　振り放け見つつ　夕されば　あやに哀しみ　明け来れば　うらさび暮らし
あらたへの　衣の袖は　乾る時もなし

〈やすみしし〉我が大君が、夕方になるとご覧になっているに違いない、夜が明けるとお訪ねになっているに違いない、あの神岳の山のもみじを、今日にでもお訪ねになろうものを、明日にでもご覧になろうものを、その山をはるかに見ながら、夕方になるとどうしようもなく悲しくなり、夜が明けると淋しく日を暮らし、藤衣の喪服の袖は乾く間もない。

『万葉集』巻二159

※〈　〉内は枕詞、以下同様）

北山に　たなびく雲の　青雲の　星離れ行く　月を離れて

（北山にたなびいている雲、その薄雲が山を離れて行くように星が遠ざかって行く。月から離れて）

『万葉集』巻二161

ものすごく感情的で、胸を打たれます。この歌を見る限り、持統天皇は冷静沈着でありながらも、愛情深い女性だったのではないでしょうか。このような妻を持った天武天皇は、さぞかし心強かったことでしょう。

歌から読み解く、持統天皇の内面②——倉本

私が好きな持統天皇の歌は、天武天皇の七回忌に詠んだ、次の歌です。あまりにすばらしいので、学生の頃は、書家に手漉きの紙に書いてもらい、部屋に飾っていました。

明日香の　清御原の宮に　天の下　知らしめしし　やすみしし　我が大君　高照らす　日の皇子　いかさまに　思ほしめせか　神風の　伊勢の国は　沖つ藻も　なみたる波に　塩気のみ　かをれる国に　うまこり　あやにともしき　高照らす　日の皇子

〈明日香の清御原の宮に、天下をお治めになった、〈やすみしし〉我が大君、〈高照らす〉日の皇子は、どのようにお思いになってか、〈神風の〉伊勢の国は、沖の藻も靡いている波に、潮の香ばかり立ちこめている国に、〈うまこり〉まことにお慕わしい、〈高照らす〉

日の皇子。※清御原の宮＝飛鳥浄御原宮（現・奈良県高市郡明日香村））

『万葉集』巻二―162

この歌からは、持統天皇が非常に感情豊かな女性であることがわかります。夫である天武天皇が亡くなって六年も経つのに、夢のなかに出てくる夫の姿は、壬申の乱の渦中、伊勢の海に立った時の姿だと言うのですから。

天武元（六七二）年の壬申の乱の際、大海人皇子は六月二十四日に吉野を出ると、二十五日に伊賀の積殖山口（現・三重県伊賀市）、二十六日に伊勢の桑名に入りました。そして二十七日にはもう美濃の和蹔（現・岐阜県不破郡関ケ原町）に入っています。この時、鸕野皇女、草壁王、大津王、忍壁王は桑名に残されていました。

ということは、大海人皇子が伊勢の海辺にいたのは、おそらく数時間でしかない。にもかかわらず、夢に出てきたのはその時の雄姿でした。

私は三重県津市出身なので、伊勢の海には馴染みがあります。高校時代、伊勢の海を通るたびに古代に思いを馳せ、持統天皇の脳裏にこの風景が焼きついていたのだと感慨深いものがありました。

持統天皇行幸の謎①――里中

持統天皇は、夫に対して愛情深い妻でした。天武天皇没後は、最高権力者として、ふたりで計画した国家プロジェクトを命がけで遂行。やり遂げてから亡くなりました。逆に言えば、やり遂げるまでは死ねないという、強い意志と気力が感じられます。

大宝二(七〇二)年、持統天皇は伊賀、伊勢、美濃、尾張、三河に行幸(天皇が皇居の外に出ること)しましたが、このなかで三河に長く留まりました。また、他の地域には褒美を下賜していますが、三河にだけは与えていません。

さらに、持統天皇に随行していた者が遠江で詠んだ歌が残っており、遠江にも行ったのかもしれませんが、持統天皇が行ったという記録はありません。

この行幸は、持統天皇にとって最後の行幸となったのですが、三河で何かあったのでしょうか。とても気になります。私は『天上の虹』で、三河で抵抗勢力に襲われる場面を描きましたが、このようなことが起こってても不思議ではない状勢だったと思います。

大宝律令は国を治める基本です。国家に律令があるのは当然ですが、それを全国に広めていくとなると、隼人の反乱に代表されるように、各地で抵抗もあったでしょう。

さらに、前述のように度量衡を定め、長さや重さの基準を統一しました。中国の王朝でも、度量衡と文字の統一は国家にとって大事業だったのですから、当然、抵抗や混乱があったでしょう。

そのなかで、持統天皇は壬申の乱の時のルートを辿り、最後の行幸をしたのです。「壬申の乱の時以上の苦しみはないだろう。それを乗り越えた私たち夫婦には、神のご加護があったのだ」と、神に感謝の祈りを捧げたのではないでしょうか。

持統天皇行幸の謎②――倉本

持統天皇は天武天皇の崩御後の持統八（六九四）年、藤原京を造営しました。王族や豪族が自分の地盤に住むのではなく、一族こぞって都城に住むことは、中央集権国家としての体を成すという意味で重要なことです。

次に飛鳥浄御原令を完成させ、大宝元（七〇一）年に大宝律令を制定しました。

翌年には、大宝律令の諸国への頒布と合わせて、持統太上天皇は行幸に出かけます。伊賀、伊勢、美濃、尾張と滞在、そのまま壬申の乱のルートを辿るのかと思いきや、志摩（現・三重県南東部）方面に出て、三河に行っています。この間、おそらく伊勢神宮に参拝しているはずです。そして、藤原京に戻った直後に亡くなっています。

この行幸をしなければ、もうすこし長生きしたかもしれませんが、大宝律令を各地に広めるために行幸を決行したのでしょう。それが、人生の集大成だったからです。残念ながら、国史の編纂は、間に合いませんでした。『日本書紀』ができる前に、持統太上天皇は死去してしまったのです。

持統太上天皇が、なぜ三河に長く留まっていたかはわかりません。もしかすると、壬申の乱に関係があるかもしれません。兵を募った際に、信濃からは兵が来ましたが、三河からは来ませんでしたから。

わざわざ船に乗り、海を渡ったのですから、何か重要な目的があったはずです。当時、三河から東は東国の辺地ですから、辺境の地にも律令を届けるという意図があったかもしれませんが、この時の行幸の目的はいまだに謎に包まれたままです。

息子も、娘も利用した不比等——里中

ここからは、藤原氏について考えてみたいと思います。

藤原不比等は子どもをたくさん作りました（武智麻呂、房前、宇合、麻呂、宮子、長娥子、光明子、多比能。158〜159ページの図表10）。非常に生殖能力の高い人だったと思いますが、娘を嫁がせても、必ず子どもができるとは限りません。受胎能力は嫁いでみないとわかりませんから。

ところが、跡継ぎができにくかった天皇家に、藤原氏の血が入ると、子どもが次々に生まれたのです。特に、聖武天皇に嫁いだ光明子が第一皇子・基王を産んだのは、幸運なことでした（ただし、翌年に夭折）。

また、不比等には息子が四人いましたが、兄弟間で競争することによって成長していきました。おたがい切磋琢磨しながら、権力志向、上昇志向を育んだのです。これが、藤原氏が実権を握るうえで、非常に有利に働きました。

このように、娘は利用できるだけ利用し、さらに息子を活用しながら権力の階段を上っていったのです。それでいながら、蘇我氏と同じ轍を踏まなかったのは不比等の才能であ

り、運もあったと思います。

娘のなかで、宮子は実子ではないという説があります。美しい女の子だったので、将来を見越して引き取り、自分の子として育てたと言われています。宮子は父・不比等の期待を背負って文武天皇に嫁ぎ、首皇子（のちの聖武天皇）を産みます。しかし、産後鬱で、三六年間も引き籠もってしまいました。

女の人生を考えると、宮子に感情移入してしまうのですが、僧・玄昉に治療してもらったことは、きな臭いものを感じます。つまり、不倫ではなかったか。しかし、当時、僧侶が医療行為をしていたのは普通のことなので、勘繰りすぎかもしれません。不比等の兄・

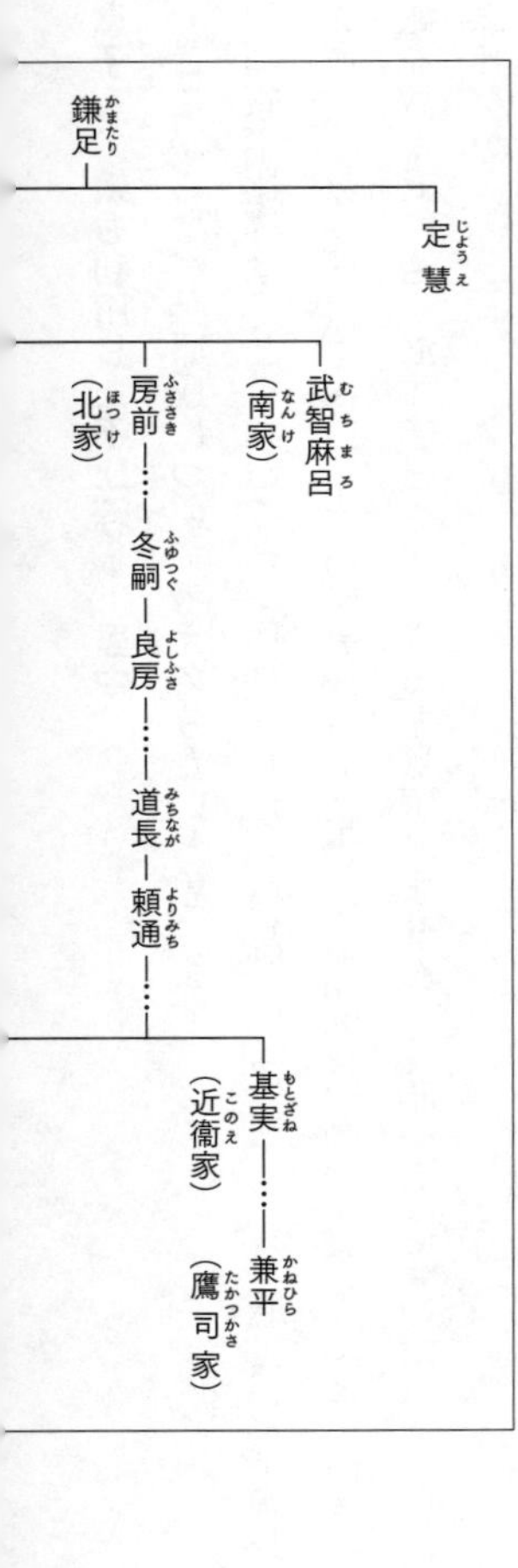

図表10 藤原氏の系図

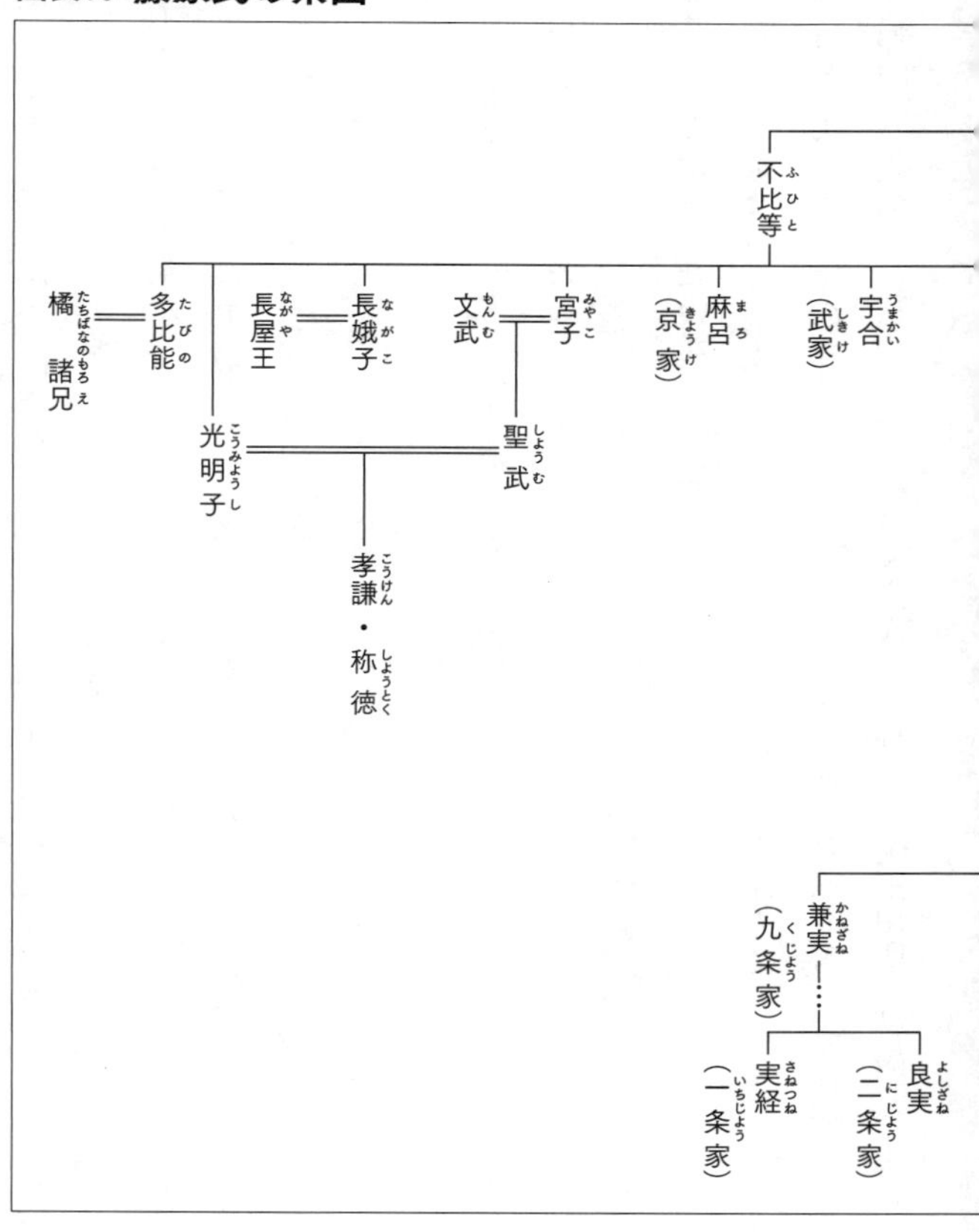
不比等
宇合
（武家）
麻呂
（京家）
宮子
文武
長娥子
長屋王
多比能
橘諸兄
聖武
光明子
孝謙・称徳
兼実
（九条家）
良実
（二条家）
実経
（一条家）

定慧は僧として入唐、医療を学びましたが、早くに亡くなりました。不比等の頭のなかには、そのイメージがあったのかもしれません。

不比等が滅茶苦茶だったと思うのは、よりによって天武天皇の未亡人・五百重娘を妻にしたことです。天皇の妻は、天皇の崩御後も尊重されなければならない存在です。ですから、再婚をしないのが当時の常識でした。にもかかわらず、結婚してしまったのですから、相当に強引で掟破りです。持統天皇が承諾しなければ、とてもできなかったでしょう。

逆に言えば、そのような無茶なことを認めさせたということは、不比等がそれだけ魅力を持った人間だったことを示しています。

なぜ藤原氏は栄えたのか――倉本

蘇我氏の娘たちも、王族と結婚して子どもをたくさん産んでいます。たとえば、蘇我稲目は娘三人を大王家のキサキとしました（大王欽明と結婚して大王用明や大王推古を産んだ堅塩媛、大王欽明と結婚して大王崇峻を産んだ小姉君、大王用明と結婚して田目皇子を産んだ石寸名(いしきな)）。

その理由のひとつとして、蘇我氏が高度な大陸の産科医療技術を持つ渡来系氏族を傘下(さんか)に抱えていたことが挙げられます。

実は、藤原氏は蘇我氏の伝統や文化を受け継いでいる部分が多く、蘇我氏と同じような渡来人技術者を抱えて、活用していたと思われます。

文武天皇の時代に、医薬系の人たちが相次いで官僚に登用されているのは、藤原氏が先進医療を管轄していたからではないか。藤原氏が律令に詳しい学者を配下に置いていたのはよく知られていますが、それ以外の分野でもさまざまな学者や専門家を抱えていたのです。

藤原氏の歴史を見ると、意外なことに長子が跡を継いでいません。

不比等は鎌足の次男であり（長男は前述の僧・定慧）、その息子の代では長子の武智麻呂ではなく次男の房前が政治の実権を握りました。武智麻呂の息子も、長子の豊成(とよなり)ではなく次男の仲麻呂が権力を握っています。房前の息子も、三男と五男が主流を継ぎます。結局、長子で跡継ぎになったのは後年、平安中期の藤原道長(みちなが)の長男・頼通(よりみち)までありません。

これは藤原氏の知恵かもしれません。長子であれば、たとえ非才な者でも跡継ぎにするのではなく、兄弟相承にしておいて、そのなかでもっとも能力のある者が跡を継いでいくというのは賢明な方法です。

それが頼通から、長子が跡継ぎとなる例が多くなったのは、摂政・関白の権力が弱まると共に、摂関家（摂政・関白に任じられる家柄）が五摂家（近衛家、九条家、鷹司家、一条家、二条家）に固定されて、形だけになったからかもしれません。

そもそも、藤原氏はどのようにして権力を握ってきたのか。

大宝元（七〇一）年制定の大宝律令で、蔭位が定められました。これは中国の蔭階制を改変したもので、文字通り「父祖のお蔭で賜る位」のこと。具体的には、父が親王または五位以上の子と、祖父が三位以上の孫は、二一歳になると一定の位階に叙され、その位階に相当する官職に任じられます（官位相当制。図表11）。この制度を作ったのは、藤原不比等だと思われます。

中国では、この制度が適用されるのは嫡男（嫡妻が産んだ長男）だけ。ということは、ひとつの家には跡継ぎがひとりしかいない。

いっぽう日本の場合、嫡子（嫡男）と庶子（嫡男以外の実子）の間で、位がひとつしか違わないので、ほぼ同格の立場でスタートできます。嫡子と嫡孫、庶子と庶孫の間でも、位がひとつしか違いません。つまり、蔭位を有利に使える氏族は一気に繁栄することになるのです。

また、高い蔭位を得られる氏族は高い位からスタートできますが、低い蔭位しか得られない氏族は低い位からしかスタートできませんでした。たとえば三位の庶子・嫡孫は七～

図表11 官位相当制

位階＼官職			神祇官	太政官
貴	正一位・従一位			太政大臣
貴	正二位・従二位			左右大臣・内大臣
貴	正三位			大納言
貴	従三位			中納言
通貴	正四位	上		
通貴	正四位	下		参議
通貴	従四位	上		左右大弁
通貴	従四位	下	伯	
通貴	正五位	上		左右中弁
通貴	正五位	下		左右少弁
通貴	従五位	上		
通貴	従五位	下	大副	少納言
	正六位	上	少副	左右弁大史
	正六位	下		
	従六位	上	大祐	
	従六位	下	少祐	
	正七位	上		大外記・左右弁少史
	正七位	下		
	従七位	上		少外記
	従七位	下		
	正八位	上		
	正八位	下	大史	
	従八位	上	少史	
	従八位	下		

八位からのスタートですが、一位の庶子・嫡孫であれば五～六位からのスタートになります。

しかも、この制度が始まった時、正一位を授けられた父祖は鎌足しかいませんでした。ということは、藤原氏は、他の氏族とはスタートラインがまったく違うわけです。実際、武智麻呂は正六位上から、房前は正六位下からスタートしています。

鎌足は亡くなる間際、天智八（六六九）年に大王天智から、大織冠をもらったことになっています。それが事実であるとしても、大織冠が正一位に相応するとは律令のどこにも書いてありません。それがある時点、たぶん文武朝（文武元〔六九七〕～慶雲四〔七〇七〕年）以後、大織冠は正一位に相応すると解釈して、その孫に蔭位を授けた。おそらく、不比等の差し金でしょう。

そして、不比等が亡くなって正一位を贈られると、不比等の孫に蔭位が授けられる。その結果、武智麻呂と房前も正一位を贈られ、仲麻呂と豊成も一位に叙されるというように、ずっと藤原氏の一位が続くことになりました。さらに、ねずみ算式に高位の子孫が増えていきます。

高い位の者は当然ながら高い官職に就くわけですから、藤原氏が要職を独占することになっていくわけです。

蔭位がスタートした時点では、誰もこのことに気づきませんでした。ところが、不比等の子孫ばかりが高位に就き、他の氏族は次第に没落していったのです。このしかけが、藤原氏が繁栄を遂げた大きな理由です。

「しのびごとの書(ふみ)」に書かれていたこと――倉本

藤原不比等は天武天皇の未亡人で妹の五百重娘と結婚しましたが、父・鎌足も皇族の鏡(かがみ)女王を妻にしています。さらに、不比等の息子・房前は牟漏(むろ)女王と結婚しています。牟漏女王は、美努(みぬ)王と県犬養三千代(あがたのいぬかいのみちよ)の娘です。

大宝律令では、皇族の女性は皇族としか結婚できない決まりになっているので、常識からすれば、鎌足、不比等、房前と三代続けて掟破りをしていたことになります。そうすると、藤原氏は大伴氏などと違い、もともと特別な氏族として認識されていたと見たほうがいい。そうだとすれば、奈良時代以後に藤原氏が繁栄するのは当然でした。

三千代は持統天皇に取り入って、夫の美努王を九州の大宰府に飛ばし、不比等とつきあいました。言わば二股をかけたのです。ちなみに、美努王の父親の栗隈王は壬申の乱の時に大宰府にいて、大友皇子から兵を出すように命じられたのを断わった人物です。

その後、三千代は不比等と再婚。不比等の間にできた光明子を首皇子（のちの聖武天皇）と結婚させただけでなく、自分の一族である県犬養氏の広刀自も首皇子の妃にしています。ここでも、二股をかけています。

不比等は最初、蘇我氏の娼子と結婚しましたが、娼子が亡くなったあと、三千代を妻に選びます。蘇我氏は六〜七世紀の主流であり、三千代の夫だった美努王は皇親政治のトップスターでした。だから、蘇我氏を失った不比等と、皇親を捨てた三千代が結びついて光明子を産んだということは、古い時代から新しい時代への転換を象徴した出来事と言えます。

不比等の子孫が出世する時、自分がこの高い位をもらうのは、大王天智が鎌足に与えた「しのびごとの書」に書かれているからだと主張しました。しのびごと（誄）とは死者の生前の遺徳を偲ぶ言葉のことで、葬送儀礼の殯宮で唱えました。

つまり、大王天智が鎌足に「お前の子孫は永遠に繁栄させる」と書かれた文書を残した、藤原氏は未来永劫、大王天智の子孫から高い地位を約束されている、また、天皇家の内部に深く関わる権臣とされたというのです。

そのような意味のことを口頭で申し渡されたことはあったかもしれませんが、さすがに文書を与えたというのはあり得ないでしょう。しかしながら、藤原氏の子孫たちは、この文書の存在を根拠にしたのです。

不比等・三千代という最強夫婦——里中

藤原不比等にとって、県犬養三千代と結婚したことが大きかったと思います。

三千代は宮中深く入り込み、持統・文武・元明・元正天皇と続けて張りつきました。なかなかやり手の女性で、不倫もまったく平気。夫はいい面の皮ですけれども、夫との間にできた子どもまで取り込み、自分の「駒」として使っています。

不比等と三千代は史上最強と言ったら大げさですが、強力なカップルです。おたがいの思惑が合致しただけでなく、気も合ったのだと思います。

不比等からすれば、自分のやろうとしていることを理解し、支えてくれるはじめての女性でした。三千代にしても、自分が求めていたのはこの男だというインスピレーションがあったからこそ、不倫など何でもなかったのでしょう。

ふたりの間に生まれた光明子が聖武天皇に嫁ぎ、皇族以外ではじめて皇后になったことはそれまでの常識を覆（くつがえ）す、まさに掟破りです。

鎌足が大織冠を授かる時、大王天智の使いとして鎌足の家に来たのが天武天皇（当時は大海人皇子）でした。ですから、持統天皇は「本当です。夫から聞いていました」と主張した可能性があります。天武天皇が行ったか行かなかったかは別として、証言したのが天皇（持統天皇）で、与えたのも天皇（大王天智）ならば、誰も「嘘（うそ）でしょう」とは言えなかったと思います。

鎌足は藤原の姓を賜（たまわ）りました。その後、不比等が「父親が姓をもらったのだから、この姓はウチだけのものだ」と主張した時、はたして、他の中臣氏から反発や抵抗はなかったのでしょうか。権力者の前に、しぶしぶ納得したように私は思います。

藤原四家の誕生——倉本

鎌足が亡くなると、中臣氏全員が藤原姓を名乗るようになり、藤原大嶋や藤原意美麻呂らが世に出ました。

しかし、文武二（六九八）年に出された詔によって、藤原氏は不比等とその子孫に限る、とされました。これによって、「藤原」を名乗る特権は不比等の四人の息子、つまり藤原四家（武智麻呂＝南家、房前＝北家、宇合＝式家、麻呂＝京家）だけになったのです。

不比等は自分の子どもだけに特権を与える制度を作り、自分のルーツである中臣氏すら捨てました。前述の梅原先生は、藤原氏が太政官（行政）を支配し、中臣氏が神祇官（祭祀）を支配する体制と指摘しましたが、要するに「中臣氏は神の相手をしていろ。政治は自分たちがやる」ということです。

不比等の四人の息子のうち、末っ子の麻呂は拗ね者で権勢欲の薄い人物だったので、頼りになるのは三人だけ。これは、氏族としては存続が危ぶまれる事態です。にもかかわらず、この措置を断行したのは、よほど自信があったからでしょう。おそらく持統太上天皇のバックアップがあり、続いて元明天皇のバックアップもあったのではないか。そうだとすれば、藤原四家は最初から特別な氏族としてスタートしたことになります。

藤原という姓、蔭位、これらの制度によって、一〇〇年後には、高い位は藤原四家が独占することになりました。ところが、これは当事者たちにとってバラ色の日々ではなく、地獄でした。

高位の者はねずみ算式にどんどん増えていきますが、官職の数は変わりません。特に、公卿（太政大臣・左大臣・右大臣、大納言・中納言、参議）は少数ですから、ポストをめぐる争いが激化します。位階は高いものの官職に就けない人が大量に出るようになったのです。

さらに、奈良時代までは位階が高ければ高い給与と特権が与えられましたが、平安時代中期になると、官職による報酬のみとなり、位階だけでは給与が与えられなくなります。その結果、多数の藤原氏が無官のまま放置される事態になりました。

石を投げれば、藤原氏にあたる――里中

よく冗談で「石を投げれば藤原氏の子孫にあたる」などと言うことがありますが、日本人のルーツを大きく分ければ、天皇家、藤原氏、渡来氏族の三つになると思います。

また、「蘇我氏は失敗し、藤原氏は成功した」とも言われますが、蘇我氏も政治権力を握り、成功した時期がありました。そもそも繁栄した者は必ず滅びるのが世の常であり、繁栄し続けることなどあり得ません。

日本には王朝交替がなく、ライバルを殲滅したりしませんから、主流派は交代するものなのです。氏族は滅びたように見えて、皆どこかで存続しています。言い換えれば、その時代時代で主流派となる氏族があり、そのなかで傑出した人物が政治を行なってきたのです。

散り散りばらばらになった民族はルーツにこだわりますが、日本人の場合、先祖が同じルーツに辿り着くので、あまり気にしません。

ところで、日本人は一見、団結しているように見えますが、もしかすると性格にあまり差がないために、同じ行動を取っているように見えるだけなのかもしれません。ある意味で、すごく居心地のいい、ぬるま湯みたいなところで一〇〇〇年以上も暮らしてきたのです。そのせいか人がよく、途上国はもちろん、先進国と比べても犯罪は少ない。

ですから、外交では、いつも幼稚園児みたいに騙されてきました。いくら尻尾を振って、お手をしても、いつまで餌をもらえるか、わからないことを自覚するべきです。

生き残った豪族たち——倉本

室町時代、足利将軍家では第三代将軍・義満から第九代将軍・義尚まで、藤原北家を祖とする日野家から正室を得ています（第八代将軍・義政の室・富子が有名）。また江戸時代、ほとんどの大名家では、摂関家をはじめとする藤原氏から嫁や養子をもらいました。だから、日本の支配階級は、ほとんどが藤原氏系と言っても過言ではありません。

しかも、藤原氏は途中から「皇族」になっています。藤原北家の流れを汲む五摂家のうち、近衛家、一条家、鷹司家は、江戸時代に天皇家から養子をもらっています（順に、後陽成天皇の第四皇子、同第九皇子、閑院宮直仁親王の第四王子）。だから、事実上の皇族なのです。

一九三七・一九四〇・一九四一年と三度にわたり、内閣を組織した近衛文麿首相は、近衛家の第三十代当主です。彼が政界にデビューした時のキャッチフレーズは、「昭和の鎌足」でした。また、一九九三年に日本新党など八党派の連立政権を発足させた細川護熙首相は、熊本藩主・細川家の第十八代当主ですが、母親は近衛首相の娘であり、藤原氏の血が入っています。ちなみに、名前の「熙」は近衛家が歴代、使用していた字です。

藤原氏に政治を任せたら、うまくいくのではないかという願望が、日本人の潜在意識に植えつけられているのかもしれません。しかも、ほとんどの日本人には藤原氏の血が流れていますから、「藤原氏なら安心」というミウチ意識もあるような気がします。

奈良県桜井市の多武峰に、鎌足を祀る談山神社があります。同神社の談らいの会が作成した藤原氏族一覧を見ると、藤原氏一族の名字は全国で三六〇〇あり、里中も倉本も含まれています。

つまり、本州から九州までの日本人の多くに、藤原氏の血が入っているわけです。しかし、そのなかでも栄華を極めたのは藤原氏のごく一部で、多くは没落しています。天慶二（九三九）〜同四（九四一）年、瀬戸内海の海賊を率いて大宰府に侵入した純友も、藤原北家の嫡流に近い人物でした（藤原純友の乱）。

蘇我氏は乙巳の変で本宗家は滅びましたが、代わって嫡流になった石川氏は、鎌倉時代まで記録に残っています。同じく平安時代に氏の名を変えた宗岡（ソガ）氏も滅びず、近代まで繁栄を続けてきました。京都の都だけでなく、地方の武士にもいますから、蘇我氏は生き残っているのです。

『小右記』など、摂関期の記録を読んでいると、大伴氏、物部氏、阿倍氏などの氏族や、部姓の伴造系氏族が出てきます。十～十一世紀の藤原道長の時代に、六世紀の豪族たちの子孫がまだ生き残っていたことを思うと、感動的ですらあります。

民族が頻繁に移動した大陸のケースと違い、日本人は狭い国土のなかで、ほとんど移動しませんでした。時々、渡来人が入ってくる程度ですから、政治経済はもとより、心象もあまり変わっていないかもしれません。

逆に言えば、歴史から学ぶことが少なく、同じことを何度も繰り返しているようにも見えます。今まではそれでやってこられたのですが、これからはそういうわけにはいかないかもしれません。

第四章

戦争と外交を考える

日本の地政学的条件――倉本

日本という国を地政学的に見た際にもっとも重要なのは、大陸と地続きだった日本列島が大陸から切り離されたことです。

日本列島が北も南も大陸と地続きだったことは、発掘されたナウマンゾウやマンモスの化石からわかっています。その後、およそ一万年前に、北も南も海没して島国になりました。特に、朝鮮半島から切り離され、簡単に往来できなくなったことが、日本の歴史で決定的とも言える重要なポイントとなりました。

もし陸続きならば、中国や朝鮮半島から歩兵が歩いて来ることができますが、海で隔てられていれば、対馬海峡を船で渡って、九州に上陸することになるので、かなりの覚悟と費用が必要です。大量の兵士を移動させるわけですから、計画を立てて準備をしないとできませんが、大船団を組んで荒波を越えて攻めるほどの価値は、倭国にはありませんでした。

いっぽう、倭国の側も、わざわざ海峡を渡って朝鮮半島に攻め込む意欲はなく、ましてや中国まで攻め込むつもりなどありませんでした。だから、平和な時代が続いたのです。

縄文時代（約一万五〇〇〇年前～約三〇〇〇年前）は平和な社会が一万年以上も続き、これが日本および日本人の基礎になりました。

海で隔てられているだけでなく、その距離（最短で五〇キロメートル）も重要です。前述のように近ければ攻め込まれやすく、離れすぎていると、今度は中国から文明が伝播しません。つまり、おたがいに相手国を攻める意欲は持たないが、その存在を知っていて交流可能という、地政学的にちょうどいい距離にあったのです。もし、ハワイのようにどの大陸からも離れていたら、中国側の記録にも残らなかったでしょう。

戦争をしなくてすんだのはいいことでしたが、半面、日本人の外交感覚を鈍くしてしまいました。その弱点の克服が、現代の日本においても課題になっているわけです。

近くて遠いアジア――里中

今も昔も、最新の知識や技術はできるだけ早く手に入れたいものです。なぜなら、ライバルに勝つことができるからです。日本が戦後、アメリカに靡いていったのも、最新技術への渇望があったからでしょう。

国民が豊かにならないと、リーダーは信頼を失うわけですから、豊かになるための最新の知識や技術を知りたいし、それを独占したいと思っています。これは今も昔も変わりません。

古代においても、海流に乗れば、大陸から対馬海峡を渡って九州に来ることができます。九州だけでなく、日本海北部、現在の山形県や青森県沿岸でも、大陸との交易がありました。われわれが想像している以上に、昔から外国人(渡来人)は日本列島に来ており、彼らが持ち込む情報は重視され、口伝(くちづ)てで広がったのではないでしょうか。

海ひとつ隔てていることを遠いと感じるか、近いと感じるかは、その時代の情報量によって違ってきます。のちの時代になればなるほど、朝鮮半島や大陸を近く感じたでしょう。もちろん、当時は半島として認識していなかったでしょうが、百済の滅亡など朝鮮で起きた出来事は、日本列島に住む人たちにとって「明日はわが身」と捉えていたと思います。

朝鮮半島の民族とどうつきあうかは、今も昔も変わらない大きな問題で、白村江の戦いと太平洋戦争という二大敗戦が、日本人の価値観を大きく変えたような気がします。

国境は人為的に定められたものですが、どの民族がどの地域に住むかをめぐって、有史以来揉め続けており、そのなかで地政学的条件は大きな要素を占めています。

そうだとすると、古代の人たちが悩んでいたことは、今の日本人にも共通するはずです。相手がいつ攻めてくるのか、攻めて来られる前に攻めたほうがいいのか、それは考えすぎか、などと苦悩する感覚は、今も昔も変わらないでしょう。

下手をすると国が滅びるかもしれないという存亡の危機を迎えた時、国のリーダーたちは真剣に考え、悩んだでしょう。戦争をすると、たとえ勝ったとしても、人的損失だけでなく経済的・精神的損失も被ります。

メリットと言えば、領土らしきものが増えることと、その領土にある資源が使えることと、それに相手がしばらくは攻めてこないという安心感ぐらいです。それならば、領土を広げることに割くエネルギーを他に使ったほうが、もっと気持ちよく過ごせると私は思います。

日本には国境がない――倉本

日本は、歴史的に国境を持ったことがありません。

アメリカのドナルド・トランプ大統領は、メキシコとの国境に壁を作ると言って物議を醸していますが、日本にはそもそも国境がないのです。

古代の朝鮮半島諸国も、それぞれ国境はありません。これは、それぞれの時期の軍事占領地域だからです。教科書に掲載されている図には、新羅、百済、高句麗などの国名と国境線が書かれていますが、これはある時点における占領地域を示しただけで、戦争などによって常に変化する。そして、そこに住んでいる人たちは、どこに占領されるかで租税や兵役の負担が変わりました。現在でも、正確には北朝鮮と韓国の境界は朝鮮戦争休戦協定にもとづく軍事境界線であり、国境ではありません。

古代の日本の場合、律令国家の支配地域があって、その東北に蝦夷がいましたが、それとて国境とは言えません。南九州の隼人も同様です。そうなると、日本は一度も国境を持ったことがない国ということになります。

つまり、一度も防衛しなければならない最前線を持ったことがなかった。強いて挙げれば、大日本帝国時代の南樺太や朝鮮北部、あるいは満州に国境がありましたが、それ以前にはなかったのです。だから、日本人は国を守るという緊張感が薄い。

敵が来るとしても、新羅の入寇（八～十世紀の新羅の海賊による襲撃）、刀伊の入寇（寛仁三〔一〇一九〕年の東女真族による襲撃）、元寇（55ページ）、応永の外寇（応永二十六〔一四一九〕年の李氏朝鮮による襲撃）のように、対馬や九州沿岸など限定された地域への来襲です。これは海岸線の防備ですから、国境という感覚ではありません。

日本人は二〇〇〇年以上の長きにわたり、緊張感のない状態に置かれてきたことになります。これが、ひとつの問題です。

もうひとつ、鉄の問題があります。日本では、六世紀まで鉄が生産できず、製錬もできませんでした。朝鮮半島南部の加耶諸国から鉄を入手するしかない。

倭国がひとつにまとまっていた時は、中央政権が向こうの政治権力の窓口と交渉して独占的に入手し、国内の勢力に配分していました。鉄によって、国内の権力は勢力を強め、権威を高めたわけです。しかし、国内の権力が分散している時には、それぞれが朝鮮半島に渡り、個別に取引をしました。

たとえば、大王継体の親や祖父の世代は、朝鮮半島と独自に交易をしていました。それは、金銅製の沓や冠が古墳から出土していることでわかります。あるいは、筑紫の豪族・磐井も新羅と交易を行なっていたはずです。

古代日本の外交センス——里中

当時の日本は国際情勢に関する情報が少なかったから、断片的な情報だけで判断していたのだろう、と私たちは思いがちです。しかし、当時は当時で最新の情報を得て判断していたわけですから、今と比べようがありません。

外交的な決断をする時は、最新の情報を元に、先を読んで決めなければなりません。失敗した時に備えて二の手、三の手を考えておくのは、今も昔も変わりないでしょう。

外交は自国だけで行なうものではなく、相手国の出方を見ながらキャッチボールする側面があることは否めません。その際に重要なのは国を守ること。自国を守ることを保証された期間が長いほど、内政に力を注げるからです。

そのいっぽうで、国際情勢で変化が起きた場合、どの国についたほうが自国の安全を守れるかを常に見ておくことが重要です。七世紀にはすでに、そのような外交的センスが求められ、国際情勢の変化を敏感に感じ取れるようになっていました。

太平洋側は海が広がっているだけですから、日本海側（大陸側）に向くしかない。大陸と言っても、私たちが中国として認識しているエリアは、当時はもっと小さく、たくさんの国が興（おこ）ったり滅んだりを繰り返していました。

朝鮮半島については、おそらく半島という意識はなかったでしょう。私たちが現在、韓国や北朝鮮として認識しているエリアは、もっと身近な場所として感じていたと思います。

ですから、中国の上海（シャンハイ）あたりから海を越えてもたらされる情報と、朝鮮半島からやはり船でもたらされる情報を突き合わせて、どうすれば大陸の紛争に巻き込まれずにすむかを考えていたのです。

日本もいつ属国になるかわからないわけですから、大陸で滅ぼされた国がどうなるか、情報を取ることが重要になってきます。もっとも、支配者層が滅んでも、その地域で暮らしている庶民は案外したたかに生活をしていたのかもしれません。

もし当時、中国に一度占領されていたら、日本人に国際感覚が育ったことでしょう。

歴史を振り返ると、日本という国は「よくぞ、国を保った」と思います。先祖たちの頑張りには頭が下がりますし、運もよかったと思います。日本人は今どうしたらいいかを考える必要に迫られていますが、古代の日本の奮闘ぶりを描いた倉本さんの著書は、大いに参考になると思います。

冊封(さくほう)を選ばなかった日本――倉本

古代の日本の外交で重要だったのは、当時の世界帝国・中国の王朝とどう関わるかという問題です。中国は朝貢外交(ちょうこうがいこう)によって、周辺の蕃国を支配していました。その際、冊封(皇帝が朝貢国の王に爵号(しゃくごう)を与えて君臣関係を結ぶこと)して中国が認定した王であるという扱いをするか、それとも単に朝貢だけを受けるかという選択肢がありました。

これは、研究者でも誤解している人が多いのですが、冊封は蕃国から申請して認定を受けるもので、中国側が選考して認定を与えるものではありません。

ここで、日本列島にあった歴代の政治権力を見ておきましょう。

まず、倭の奴国ですが、私は「倭奴国」と読むのではないかと考えています。この呼び名は、今でも中国人や韓国人が日本を馬鹿にする時に使う言葉として生きています。奴国があった場所は現在の福岡県福岡市から春日市近辺で、中国の王朝から冊封されていました。これは、「漢委奴國王」の金印が出土していることから明らかです。

次に、伊都国（現・福岡県糸島市近辺）が倭国を代表するようになりましたが、伊都国もおそらく冊封されていたと推測しています。

その次に、邪馬台国が倭国連合を代表して魏に遣使しますが、「やまたいこく」ではなく「やまとこく」と呼ばれていたと思います。邪馬台国は魏から「親魏倭王」として冊封されています。私は、邪馬台国の所在地は現在の筑後平野、福岡県八女市あたりではないかと考えていますが、これについては後述します。

奴国、伊都国、邪馬台国については、私は北部九州の地方政権だったと考えています。この仮説には異論もありますが、九州のかなりの地域がまとまって、倭国として中国の皇帝から冊封を受けていたというのが、当時としてはごく普通の支配・被支配のあり方だったのです。

その後、四世紀の一〇〇年間は外交関係がなく、五世紀に入ってから「倭の五王」（33ページ）が冊封を受け、「倭（わ）」という姓を名乗りました。中国では姓のないのは奴隷だけで、皇帝も姓を持っていますし、冊封を受けていた高句麗の王は「高（こう）」、百済の王は「余（よ）」という姓を持っていました。倭国の王も、それに倣ったのでしょう。

六世紀になると、再び外交関係がなくなりますが、面白いことに外交がなかった四世紀と六世紀に、倭国では国制の整備が進んでいます。

問題はこのあとです。七世紀以降の遣隋使や遣唐使は、中国から冊封を受けていないのです。隋も唐も倭国を冊封したかったと思いますが、倭国はそれを求めませんでした。これは、倭国の主体的な選択だったと思います。

朝鮮の王は冊封されているけれども、倭国の王は冊封されていないという違いを示して、倭国は朝鮮よりも上であることを主張したかった。いっぽう、朝鮮諸国は「自分たちは中国と親しいから冊封されているが、奴らは田舎者だから冊封されていない」「倭国は化外（けがい）の国だから、冊封すらされないような野蛮人」と解釈した。

この冊封をめぐる両者のギャップが、非常に大きかった。日本の君主は、唐だけでなく、宋、元、明、清からも冊封を受けることはありませんでした。

唯一の例外が、室町幕府の第三代将軍・足利義満です。彼は、「日本国王」として明から冊封を受けました。ただし、義満は君主とは言い難い。天皇家を乗っ取ろうとしたという説もありますが、私は天皇を超える日本国王として自らの権威を高めたかったのだと考えています。

その後、朝鮮出兵・文禄の役（文禄元〔一五九二〕〜同二〔一五九三〕年）のあと、豊臣秀吉が明から冊封されそうになり、怒って、同・慶長の役（慶長二〔一五九七〕〜同三〔一五九八〕年）を起こすという事態が起こります。秀吉以後も、日本の中央政府は中国から冊封を受けていません。ちなみに、琉球国は「さっぽう」と呼ばれた冊封を受けていました。

こうして見てくると、日本の中央政権は倭の五王を除いて、中国の冊封を受けておらず、周辺国ではかなり特殊で珍しい国だったことがわかります。

今で言えば、アメリカを中心とする軍事同盟ＮＡＴＯ（北大西洋条約機構）に加盟しないようなものです。同盟国は加盟していない国を野蛮国と見ていますが、加盟していない国側は加盟国より上だと自任しているわけです。これは、社交界に所属していない人がマナーを知らないのと同じで、時に危険だったと思います。

帝国・中国の本質──倉本

中国という帝国は、自らのイデオロギーを他国に押しつける傾向が強いいっぽう、言うことさえ聞いていれば、最新技術や文化を供与してくれる側面もありました。

現代でも、民主主義や資本主義を信奉しない国に戦争をしかけるいっぽう、同盟国には全面的にバックアップする国があります（最近は「自国ファースト」になっていますが）。また、かつての共産主義帝国も同様でしょう。ですから、これは古今東西の帝国で見られる特徴なのかもしれません。

遣唐使当時の日本は、中国よりは下だけれども朝鮮よりは上という小帝国を目指していました。中国を真似た小帝国を、日本列島の近辺だけで作ろうとしましたが、支配する国がないので、蝦夷や隼人を無理矢理作り上げたり、百済王の一族を畿内に住まわせたりしていたのです。

中国の戦争の特徴に「裁兵」があります。裁兵とは、占領したり滅ぼしたりした国の人間を兵士として徴用し、それを別の地域の侵略戦争に振り向けることです。これによって当該地域の反抗の芽を摘むと同時に、要らない地域の兵士を消耗させ、その地域に自国の民を入植させ、さらには新たな戦争による人的被害も自国の兵士は少なくてすむという、一石四鳥の発想です。

その典型例が元寇です。元が日本に送った主力は、モンゴルの兵に加えて、最初が高麗の兵、次が南宋の兵でした。ベトナムに勝っていたら、ベトナムの兵も来たかもしれません。「日本と戦わせて、死んだら死んだでかまわない」というのが、中国の発想です。

中国と戦って敗北すると、悲惨な末路が待っているわけです。では、中国の言うことに従っていればいいかというと、そうでもありません。完全な属国になってしまうと、他国との戦争に振り向けられる危険性があるからです。

七世紀後半、日本が白村江の戦いを起こさず、百済を見捨てて中国の言うことを聞いていたら、日本の兵は高句麗との戦いに投入されたはずです。元寇の時も、元に降伏していたら、たぶん南宋との戦いに駆り出され、下手をすると続いてベトナムとの戦争に行かされた可能性があります。

日本はユートピアだった⁉——里中

世界地図で確かめられるわけではないので、日本の大きさや強さなどはわからなかったでしょうが、もしかすると中国は、水が豊かで米が取れる日本をユートピアとして見ていた可能性もあります。

紀元前三世紀頃、秦の始皇帝から「不老不死の薬を探す」命を受けた徐福は、東海の島を目指して三〇〇〇人の男女と技術者を乗せて船出しますが、帰還しませんでした。この東海の島こそ、日本であるという伝説もあります（徐福伝説）。

徐福が帰らなかったことによって「よほどいいところに違いない」と過大評価され、「日本はユートピア」というイメージが生まれたかもしれません。徐福が日本のどこに来たかについて、東北から九州まで日本の各地に伝承があります。

さらに、楊貴妃が来た、はてはイエス・キリストが来たなど、日本にはさまざまな伝説があります。

邪馬台国がどこにあったかをめぐってもさまざまな説があり、江戸時代から盛り上がってきました。もし場所がわかっていたら、これほど盛り上がらなかったでしょうから、やはり場所の謎は最高のコンテンツなのです。

『魏志倭人伝』を読むと、食べ物が豊富で、緑豊かな土地と記述されています。また、邪馬台国は争いが少なく、男女もあまり隔てがないなど、いいことばかり書かれていますが、卑弥呼がトップだったために、男たちの権力欲が薄れ、嫉妬(しっと)が和らいだのかもしれません。

ただ、『魏志倭人伝』の倭国についての記述はいい加減なところもあるので、どれぐらい本当のことが書かれているかはわかりません。

邪馬台国はどこにあったのか――倉本

『魏志倭人伝』の記述における邪馬台国までの行程「水行(すいこう)十日、陸行(りくこう)一月」を、多くの人が伊都国からと読んでいますが、どう考えても朝鮮半島の帯方郡(たいほうぐん)からの行程です。

帯方郡から邪馬台国までの距離「帯方郡から一万二千里」から、帯方郡から伊都国までの距離を引くと、邪馬台国は伊都国から南に千数百里となります。これは、当時で言うと五〇キロメートルぐらいです。現在の福岡県糸島市から五〇キロメートル南だと、同県久留米市や八女市あたりになるわけです(図表12)。

私は「邪馬台国」の「ヤマト」は、畿内の国名「大和」ではなく、普通名詞「山門」にもとづくものと考えているので(九州の筑後にも肥後にも「山門」という地名がある)、倭国が筑後平野にあっても問題ないと考えています。ですから、『魏志倭人伝』の記述はいい加減ではないと思います。

また、九州の邪馬台国を中心とする連合政権と畿内の倭王権が並立していたと見ており、倭王権は呉と外交関係を結んでいたと考えています。九州勢力が魏、畿内勢力が呉とつきあっていたけれども、『三国志』では魏を正統と認めているので、呉の外交記録が記録されなかっただけのことです。

古代日本の人口増——里中

『古事記』に、妻である伊邪那美命(伊弉冉尊)が亡くなって、夫の伊邪那岐命(伊弉諾尊）が黄泉の国に妻を迎えに行く話があります。
伊邪那岐命は妻に「見てはいけない」と言われたのに覗いてしまい、ゾンビになった妻の怒りを買い、魑魅魍魎たちに追いかけられるのです。伊邪那岐命は、ほうほうの体で地上に逃げて来て、結界を張る。そこで、伊邪那岐命が「愛しい妻よ」と呼びかけるところが、私はすごく好きです。

図表12 邪馬台国の比定地（倉本説）

妻だった伊邪那美命は「あなたはよくも、私をないがしろにした。あなたの国の人間を一日に一〇〇〇人捕り殺して、死の国に引き摺り込んでやる」と言い放ちました。
これに対して、夫の伊邪那岐命は「それならば、私は毎日一五〇〇人の命をこの世に産ませ

よう」と答えました。

人口は減ることなく、すこしずつ増えていくという話になっているのですが、これは縄文時代から弥生時代にかけて稲作が定着したことが反映されている気がします。稲作が普及して、栄養価の高い米を食べられるようになると、母体が健康になり、母乳もたくさん出るようになって、出生率が上がり、また乳幼児の死亡率も下がります。

人口が増えると、食糧もたくさん必要になります。その結果、決まった土地の収量では賄いきれなくなり、財産争いも起きます。妻木晩田遺跡（鳥取県西伯郡大山町）や土井ヶ浜遺跡（山口県下関市）では争い、殺し合った痕跡が出土しています。

死ぬ人間の数よりも生まれる人間の数が多くなり、人口が増えた弥生時代の事情が、伊邪那岐命と伊邪那美命の神話に反映されたのではないか。そう考えると、神話や伝説をなおざりにはできません。

ところで、かつて稲作が始まったのは紀元前四世紀頃、すなわち弥生時代と言われていました。しかし、縄文土器についた稲もみの圧痕の測定など、最近の研究では、縄文時代中期もしくは後期（約五五〇〇年前〜三三〇〇年前）とするのが有力です。その伝来も、朝鮮半島からではなく、中国から直接伝わったとする説などもあり、さらなる研究成果を楽しみに待ちたいと思います。

米が日本にもたらしたもの――倉本

縄文時代の稲作は小規模で、水稲ではなく陸稲（おかぼ）だったと思われます。また、弥生人が縄文人を征服して稲作を始めたというより、弥生人が始めた稲作を縄文人が「いいな」と思って始めたのだと思います。そして徐々に同化が進み、混血が始まったのでしょう。特に、西日本の北部九州から瀬戸内海沿岸、そして近畿地方から東海地方はそうだと思います。

縄文人はドングリ、栗、サケ（鮭）などを食べていたので、食べ物に困ることはありませんでした。サケは手で獲（と）れるし、ドングリは森で拾うことができる。だから、縄文遺跡を発掘しても、殺人の痕跡はほとんど出てきません。

また、三内丸山（さんないまるやま）遺跡（青森県青森市）の発掘以後、縄文文化のすばらしさは広く認知されるようになりましたが、当時の世界最高峰と言っていいでしょう。だいたい土器を作るという発想が珍しいですし、部位によって厚さが違っています。これは技術力の高さを表わしています。

縄文時代から弥生時代に移行する際、狩猟採集から農耕になり、土器も縄文式から弥生式になった。すなわち、縄文時代の生活様式は全部捨てられて弥生時代になったと思われがちですが、それはまちがいです。縄文時代の生活様式に、弥生時代の生活様式がプラスされたのであって、弥生時代になって米を作り始めた人が、ドングリを拾ったりサケを獲ったりするのを止めたかというと、それはあり得ないでしょう。

ドングリ、サケなどに加えて米を収穫できるようになったために、弥生時代はかなり豊かな時代でした。もしかすると、江戸時代よりも食べ物に恵まれていたかもしれません。実際、日本人の体格を比較すると、江戸時代がもっとも小柄です。

日本列島に伝播したのが小麦やコーリャンだったら、これほど人口は増えなかったでしょう。米が連作ができて備蓄できる食糧であることは、非常に大きな意味を持っているわけです。

ただし、稲作が始まれば戦いが起こるのは避けられません。荒れ地を切り拓き、用水を引いて水田を作るのは大変ですが、隣村を滅ぼせば手っ取り早く田、米、人間が手に入ります。天候不順で十分な収穫がない時など、豊かな隣村を襲うケースもあったかもしれません。

そのような争いが北部九州から始まり、各地で起きていったのでしょう。諸外国に比べれば平和的だったと思いますが、吉野ヶ里遺跡（佐賀県神埼郡吉野ヶ里町および神埼市）でも、首を切られた遺骨が見つかっています。

また、稲作を日本列島に持ち込んだ人たちは、同時に鉄も持ち込みました。

日本には、いわゆる青銅器時代がありません。文明は通常、旧石器時代→新石器時代→青銅器時代→鉄器時代という発展段階を踏みますが、日本の場合、青銅器と鉄が同時に伝来しました。石器を使っていた人たちのところに、鉄製の武器や農具を持った人たちが、米という優れた作物とともにやって来たわけです。

鉄器で木を伐ると石器の七倍も効率が上がるそうですから、彼らは強くて怖かったでしょう。だからこそ一気に広まったのでしょうが、抵抗勢力との間には必然的に争いが引き起こされたものと思われます。

皆殺しの中国、殺さない日本――里中

先日、韓国の人と話していたら、「日本は皆殺しにしないが、中国は必ず皆殺しにする。証言者がいなくなれば、何が起きたかがわからなくなるから都合がよいのだろう」と言われました。その場にいた中国の人も、「その通り」と答えていました。

中国大陸では、戦いに勝った側は、負けた側を生かしておくと、のちにどれだけ報復されるかわからない恐怖があり、皆殺しにすることが横行しました。

しかし、日本列島では戦いに負けた当事者は殺されても、一族・家臣皆殺しになることはほとんどありませんでした。生き残った敗者も、報復という手段は取りませんでした。

前述の蘇我氏のほか、織田信長・徳川家康に滅ぼされた武田勝頼(たけだかつより)の家臣も徳川家に入りましたし、戊辰(ぼしん)戦争で賊軍(ぞくぐん)とされた東北諸藩の人たちも明治政府で警察官など役人になっています。

古代最大の内乱・壬申の乱も大きな戦いと見られていますが、死者の数はおそらく二ケタで、古今東西の戦闘と比較してすごく少ない。

しかも、戦いが終わったあとは「ご苦労さま。これからは新政権のために働いてくださ

い」と言われて、「はい」という感じでした。皆殺しをしないのが、大昔からの日本の伝統だったのです。

緊迫した七世紀の東アジア情勢――倉本

漢（前漢・後漢）が中国の王朝だった頃、日本では奴国や伊都国の時代でした。その後、倭王権や邪馬台国連合ができた時には、中国は分裂していました（魏・呉・蜀の三国時代）。

つまり、倭王権ができた三世紀から六世紀末まで三〇〇年以上にわたって、日本の支配者層は、大陸という広大な大地にはさまざまな国があると認識していて、中国がひとつの国家であるという発想は、まったくなかったと思います。

だから、隋が中国を統一したのは大変な出来事で、倭国のリーダーたちははじめて、中国が統一されるのをリアルタイムで経験したのです。朝鮮半島でも、百済や新羅の建国当時から中国は分裂状態で、やはり統一中国を経験するのははじめてでした。

前述のように、中国は隣国を滅ぼすと、その国の兵士を吸収して、次の隣国に派兵してきましたが、中国統一が実現すると、国外に派兵するしか術がなくなります。周辺諸国はたまったものではありませんでした。倭国と朝鮮三国（高句麗・百済・新羅）はいきなり、とんでもない緊張感に包まれたのです。特に地続きの高句麗は大変だったでしょう。

この四カ国はそれまで、いずれも滅亡したことがなかったので、国が滅びるとどうなるかについては、中国の歴史書でしか知らなかったわけです。何が起こるか想像もつかないのですから、底知れぬ恐怖感に襲われたはずです。

朝鮮ではその後、いくつもの国が滅亡していますから、国が滅びるとどうなるか身をもって体験したわけですが、倭国は一度も経験せず、太平洋戦争にまで至りました。だから、太平洋戦争末期、国のリーダーたちがどれほどの恐怖心を持っていたか、想像に余りあるところです。七世紀の日本のリーダーたちも同様の恐怖を感じて、それが遣隋使につながったのだと思います。

七世紀当時、倭国の大王家には、外交の専門スタッフがいませんでした。誰も外交文書を書けないし、読めない。だから、朝鮮半島から渡来していた人が行なっていました。

朝鮮の人と言っても、百済、高句麗、新羅ではまったく意見が異なります。さらに、百済人のなかでも派閥抗争があり、意見が異なる。これは、日本に来る外交使節も同様です。そうなると、倭国の支配者がたまたま結びついた人物（ブレーン）の意見によって、外交政策が大きく変わってしまう。何とも、恐ろしい時代だったのです。

六、七世紀の倭国は、百済に友好的で新羅に敵対的な政策を取っていますが、それはおそらく外交ブレーンが百済人だったからです。

ちなみに、厩戸皇子（聖徳太子）の外交ブレーンは、高句麗人でした。当時、高句麗は隋に攻められていたので、何とか倭国を味方につけたい。いっぽう、隋は高句麗と倭国が同盟を結んだら困る。なぜなら、倭国は南北に長い国だと認識されていたので、倭国から攻められると南北に敵がいることになるからです。

だから、高句麗も、あるいは説明を受けた厩戸皇子も、その辺を見越して強気に出た可能性があります。

『隋書』「東夷伝」倭国条（以下、『隋書倭国伝』）には、遣隋使が隋に報告した内容として「新羅と百済は、皆、倭を大国であって珍物が多いとして、并びにこれを敬仰し、つねに使者を通わせて往来している」と記されています。つまり、新羅と百済は倭国を大国として扱っていた。この大国とは、大きい国ではなく自国の上にある国という意味です。遣隋使がそう述べたのを隋が認めたわけです。

また、新羅もしくは百済が肩代わりして、旧加耶地域（『日本書紀』の言う「任那」）の特産品（同「任那の調」）を倭国に献上することも、隋が認めたと言われていますので、隋の国際感覚で言うと、倭国は新羅や百済よりも上位にあることを認めたことになる。そうなると、やはり倭国を尊重せざるを得なかったでしょう。

隋の煬帝は本当に激怒したのか——里中

統一国家・隋ができたことは倭国の人たちにとって、現代にたとえるなら二十世紀にソビエト連邦ができた時のような感覚だったのではないか。自国と比べようがないほど巨大で、しかも隣国に対してどのような姿勢で対応するかわからない。もしかしたら、侵略されるかもしれないという恐怖を持ったのは当然のことです。

それまでも、中国にはさまざまな国がたくさんありましたが、隋という強大な統一国家は、周辺諸国を飲み込んでいきました。当時の日本人たちは、戦争に負けたらどうなるかを歴史書でしか知りません。ですから、現実に危機が迫ると、やはりものすごく怖くなったと思います。

そのいっぽうで、聖徳太子が「隋と対等の立場で」と主張したこともわかる気がします。きっと隋の統一と大和朝廷の統一を、同じようなことと考えたのです。

推古十五（六〇七）年の遣隋使（小野妹子ら）が持参した国書には、「日出る処の天子、書を日没する処の天子に致す。恙なきや」と記されていたと『隋書倭国伝』に書かれています。

国の規模はまったく違うものの、こちらも統一国家ですから、聖徳太子は素直な気持ちで「日出る処の天子」という言葉を使ったのではないでしょうか。あるいは、単なる世間知らずだったのかもしれません。

この言葉に反応して、隋の煬帝が激怒したと言われていますが、本当に怒ったのなら戦争をしかけてくるはずです。そうならなかったのは、日本がプライドを持って意思表示したためで、「もしかしたら、大した奴らかもしれない」と感じて、たじろいだのではないでしょうか。

真相はわかりませんが、煬帝としては、周辺諸国に示しがつかないので「けしからん国だ」と怒って見せたものの、内心は侮れないと思ったかもしれません。

国が滅びるということ——倉本

推古十五(六〇七)年の遣隋使の頃は、隋が高句麗と戦争をしていましたから、倭国は割と強気でいられました。

しかし、翌年の遣隋使では一転、大変な事態となります。遣隋使には留学生(るがくしょう)や留学僧が随行しましたが、彼らが滞在している間に、革命が起きて隋が滅び、隋を滅ぼした唐が中国を統一してしまったのです。皇帝をはじめ、隋のリーダーたちは皆殺しに近い状態になりました。

留学生たちは隋の庇護下(ひごか)で生活していましたから、その隋が突然滅び、敵国だった唐が権力を握ったのをリアルタイムで体験したわけです。彼らが帰国後、塾を開いて教えたのが蘇我入鹿や中臣鎌足(当時は鎌子)たちですが、その体験を話したに違いありません。

斉明五(六五九)年の遣唐使では、伊吉博徳(いきのはかとこ)らが入唐しましたが、彼らは軟禁されてしまいます。というのも、唐が百済攻めを始めたため、戦争が終わるまで帰さない方針を取ったからです。そして、翌年の百済の滅亡後にようやく釈放され、帰国します。

いっぽう、百済の義慈王をはじめとする王族や貴族、百姓（農民）たちは、唐の首都・長安まで連れて来られます。この時、帰国する遣唐使一行と義慈王の一行が洛陽ですれ違っているのですが、そのいきさつを博徳は日記に記し、『日本書紀』にも引かれています。

博徳らは帰国すると「国が滅びると、このようなひどい目に遭う」と報告したことでしょう。実際には、唐は百済の人たちを優遇して、義慈王の子弟を将軍に抜擢したりもしているのですが、そのような子細なことはわかりませんでした。

この報告を聞いた倭国のリーダーたちは「大変なことになった」「唐が攻めて来たらどうなるのか」と危機感を募らせたわけです。

このように、隋唐革命や百済滅亡を経験した外交使節が誤ったシグナルを感じ取り、報告したため、倭国は権力集中に取り組みました。こうした国際環境が、白村江の戦いから壬申の乱に至る背景にあったのです。

日本には攻める価値がない!?――里中

当時、唐の人口は推定で数千万人、倭国の人口は二〇〇万人前後ですから、人口比で言うと数十倍の違いがあります。兵の数は人口に比例すると考えると、文字通りケタ違いの差になります。ちなみに、太平洋戦争開戦時における日米の人口は、アメリカ約一億三〇〇〇万人に対し、日本は朝鮮半島と台湾を合わせて約一億人でした。

人材に関しては言うまでもありません。唐に比べ圧倒的に不足していたでしょう。

倭国の領土がどれだけ大きいかは、中国はもちろん倭国自身も把握していませんでした。蝦夷国がどこまであるかもわかっていなかったので、中国側も倭国の実力を摑みかねていたのではないでしょうか。

また、日本で産出するもので価値があるのは、瑪瑙（めのう）と翡翠（ひすい）くらい。それらは珍重されて宝飾品にはなったでしょうが、食糧になるわけではありません。水が豊かで米が取れる、もしかするとユートピアかもしれないが、船を使って輸送するコストに合うのかどうか。つまり、リスクを冒してまで攻める価値があるか。

戦争するには兵だけでなく、船や物資の調達も必要ですし、それらは国の経済にも大きな影響を与えます。そう考えると、よほどの旨味(うまみ)がない限り、唐が攻めてくることはなかったと思います。

しかし、攻められるかもしれない倭国のリーダーたちは、恐怖や不安感に苛(さいな)まれたでしょう。また、今もそうですが、危機感を煽(あお)ることによって国をまとめようと考えたかもしれません。

日本の敵は唐ではなかった——倉本

当時の日本列島に、外国が軍隊を出して攻めるほどの魅力はありませんでした。これといった資源があるわけではないし、耕地面積は非常に限られていたので、それほど米が取れるわけでもありません。鉱物資源はその後に発見されますが、古代の時点では、ほとんど見つかっていませんでした。

だから、リスクを冒してまで攻め滅ぼすほどの国ではなかったのです。学問や文化の発達は遅かったかもしれませんが、平和な国だったのでしょう。

斉明六（六六〇）年、百済が滅びます。これは、唐が主体的に百済に攻め込んだのではなく、新羅の要請に応えて新羅と敵対していた百済を攻めたものです。当時、唐の主要な敵は百済ではなく、高句麗でした。

大阪から韓国の釜山に行くフェリーがあります。釜山で降りて仁川まで鉄道で行き、仁川と中国の山東半島を結ぶフェリーに乗れば、昔の遣唐使と同じルートを辿ることができます。帰路は上海から大阪行きフェリーに乗れば、これも遣唐使の帰国ルートに近い。このフェリーに乗ればわかりますが、仁川と山東半島はものすごく近い。だから、唐が本気で百済を攻めようと思ったら、わけのないことです。

中国の史料を読むと、「百済では迷信がはびこり、国王・義慈王は奢侈・遊興に耽り、政治が悪くなった」などと記されています。唐・新羅連合軍は、大軍で攻め寄せます。唐軍一三万人、新羅軍五万人、合わせて一八万人。対する百済軍は五〇〇〇人足らずですから、圧倒的な兵力差がありました。

唐は戦争に勝ったものの、百済を直轄支配することはできませんでした。そこで、百済の首都・泗沘に鎮将(軍団を率いる将軍)を置き、百済時代の支配体制を維持して、支配しようとしました。

図表13 倭国の百済救援と白村江の戦い

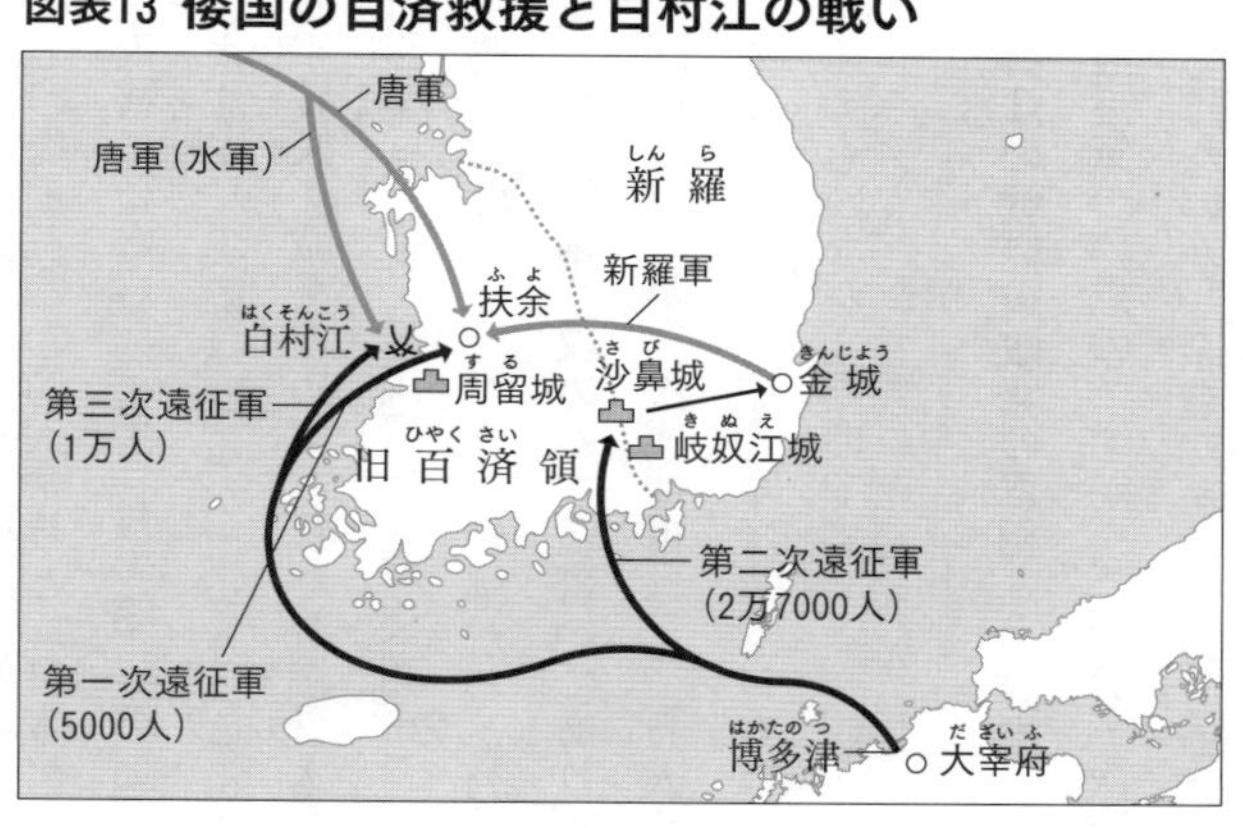

その結果、すぐに反乱が起こり、唐の将軍が立て籠もっている扶余城を包囲しました。百済は戦いで捕虜にした唐の兵士を倭国に送り、義慈王の親族である鬼室福信らは「援軍がほしい」「余豊璋（倭国に人質として滞在していた義慈王の王子）を新国王にしたいので帰国させてほしい」と要請します。いわゆる百済復興運動です。

この時、大王斉明や中大兄皇子、中臣鎌足がどのような思惑だったかは『日本書紀』に書いてありません。しかし、最終的にはこの要請を受けて、倭国は三次にわたって出兵しました（図表13）。

斉明七（六六一）年八月の第一次遠征軍は、余豊璋を護衛して百済に送り届けるもので、船舶約一七〇隻・五〇〇〇人余りと『日本書紀』に書かれています。

天智二（六六三）年三月の第二次遠征軍は、二万七〇〇〇人と『日本書紀』に記されていますが、実際ははるかに少ないと思います。この第二次遠征軍が主力軍であり、沙鼻（さび）城、岐奴江（きぬえ）城を攻め落としたと『日本書紀』に記されています。ふたつの城は、新羅の首都・金城（きんじょう）（現・韓国慶尚北道慶州（キョンジュ）市）に行くルート上にあります。つまり、倭国にとって主要な敵は唐ではなく、新羅だったのです。『日本書紀』に記されている大王斉明の檄（げき）を見ても「新羅を攻めろ」と書いてあります。

同年八月の第三次遠征軍は、一万人余りで唐の水軍と戦いましたが、これが白村江の戦いです。だから、主力軍でもなければ、倭国にとっては、白村江の戦いは主要な戦闘とは考えてもいなかったのです。

白村江（はくそんこう）の戦い・敗北の真相——倉本

最近気づいたのですが、この第三次遠征軍は、唐軍と海戦するために行ったのではないのではないか。余豊璋をはじめとする旧百済軍は、都（みやこ）からはるか南方にある周留（する）城に立て籠もっていました。この旧百済軍の援軍として向かった第三次遠征軍が、たまたま唐の水軍と遭遇して敗北したというのが、私の仮説です。

倭国側は、唐から水軍が来ていることをたぶん知らなかった。ということは、第三次遠征軍は戦艦ではなく輸送船、つまり普通の漁船を連ねた船団だった可能性があります。唐軍は一七〇隻と伝えられていますから、倭国軍（『旧唐書』では四〇〇隻、『三国史記』では一〇〇〇隻）に比べれば数は少ない。しかし、はるかに大きく、鉄で装甲した戦艦でした。

小さな漁船が長い列を作ってバラバラに進んでいたら、目前に唐軍が陣を構えて待っていた。驚くと同時に、用意する時間もなく、そのまま突撃して戦闘になった。

八月二十七日に到着した船から唐の水軍に突っ込み、大損害を受けます。二十八日も同じことを繰り返しています。引き返して逃げることはせず、そのまま突っ込むところが、大和民族らしい。日露戦争で旅順要塞を奪取するために、第三軍乃木希典司令官が突撃を繰り返させ、多数の戦死者を出した戦闘を彷彿させます。

突っ込んだら包囲され、火矢をかけられる。兵たちは焼死を逃れるため、甲を着けたまま海に飛び込んで溺死したのです。

唐軍は、太鼓や鉦を叩いて合図とし、船団がいっせいにUターンしたり旋回したりすることができました。いっぽう、倭国軍は豪族軍の寄せ集めで、各地の豪族が自分の領地の農民を連れて行っているだけですから、まったく統制されていない。指揮官から各船長へという縦の連絡がないだけでなく、豪族間の横の連絡もない状態だった。それでは、せっかく作戦を立てても末端まで行き渡りません。

倭国を出航する時、どこで上陸して周留城に入り、城を守れという最初の指令はあったでしょうが、途中での作戦変更もなく、軍議も開かれなかったでしょう。だから、非常に気の毒な敗戦でした。

中大兄皇子をはじめ朝廷の一行は戦闘指揮を執るため、難波（現・大阪府大阪市）を出発すると、大伯海（現・岡山県瀬戸内市）、石湯行宮（現・愛媛県松山市）を経て、磐瀬行宮（現・福岡県福岡市）に入りますが、さらに南下して朝倉橘広庭宮（現・福岡県朝倉市）に入りました。

推測するに、伝令が飛鳥に来て報告し、それを基に作戦を立てて送り返すのでは時間がかかりすぎるので、戦場の近くに移動したのでしょう。しかし、これは倭国軍が負けて唐軍が上陸したら、政府そのものが滅ぼされた可能性もある危険な選択でした。

当時の王権は、唐軍は扶余城に籠城(ろうじょう)しているだけで、大量の援軍で増強されていると思っていなかったのではないか。その唐軍を攻撃して、新羅の首都・金城をも占領しようとしたのです。

もし倭国が新羅攻めに絞っていたら、戦争には勝利できたかもしれません。しかし、旧百済領が唐の支配下になってしまうので、政治としては失敗です。「戦争は他の手段をもってする政治の延長」（カール・フォン・クラウゼヴィッツ著『戦争論』）なのですから。

また、もし全軍を白村江の戦いに投入したら、もうすこし抵抗できたかもしれませんが、実際には二方面に分散したので、唐軍の敵ではありませんでした。戦力の分散および逐次(ちくじ)投入を避けることは、軍事の常識です。アジア太平洋戦争で、旧満州・中国戦線と太平洋戦線に兵力を分散させてしまったために惨敗を喫(きっ)した事例と重なります。

日本の思惑——里中

白村江の戦いの時、朝廷そのものが九州に移動しましたから、国を挙げての臨戦態勢でした。ちょっとした遷都と言ってもいい。豊臣秀吉の朝鮮出兵（187ページ）でも、九州に名護屋城（現・佐賀県唐津市）を設け、秀吉以下大名が集まりましたが、これと似ています。天武天皇（当時は大海人皇子）は家族を連れて移動し、現地で大津皇子が生まれています。大王斉明は、朝倉橘広庭宮で死去しました。

倭国軍は戦争をするためというより、占領後のことを考えていたような気がします。取らぬ狸の皮算用ですが、占領政策には朝廷が九州にあったほうが便利だということなのでしょう。

神功皇后の「三韓征伐」説話でもそうですが、最初に新羅を攻めたのち、高句麗と百済を従わせています。当時の新羅はまだ弱小国だったので、倭国軍は勝利できたのですが、白村江の戦いの頃は新羅が強くなっていたうえに、唐という超大国がバックについていたので勝つのは難しかったと思います。

かつて勝利したから今度も勝てると思って、相手の実力を侮るのは、日中戦争も同様ですし、スポーツでもよくあることです。もし倭国が大陸にあれば、認識が変わっていたと思いますが、海を隔てた日本列島にいたので、古い認識のままだったのでしょう。

唐とは戦ったことがないので、どれだけ強いかは未知数です。しかし冷静に考えれば、相手は人口比一〇倍以上、しかも大陸からどんどん援軍が来る。こちらは海を渡って補給しなければならない。兵站（へいたん）（軍事輸送・補給）でも不利なのです。ここでも、海で隔てられていたことがマイナスに作用します。

ですから、最終的に勝つことは不可能です。全面戦争を想定していたのではなく、朝鮮半島を占領・駐屯している唐軍には勝てるかもしれないくらいに考えていたのかもしれません。

敗北は想定内!?――倉本

唐からすれば、ほぼ無傷で残った水軍をそのまま倭国に差し向けてもよかった。しかし、まだ高句麗との戦争が控えているので、それはできませんでした。天智七（六六八）年、高句麗の滅亡後、今度は唐と新羅の関係が険悪になったので、やはり唐が倭国を攻める余裕はありませんでした。このように、歴史の偶然が重なって、倭国は戦禍を免(まぬか)れたのです。

もし、唐が攻めていたら——。

すでに西日本から徴兵された大勢の人たちが半島に渡って戦死しており、防衛力が落ちているところに攻められたら、総崩れになったでしょう。しかも、この時の唐軍は世界最強で、元寇時の南宋軍よりもはるかに強かったのです。実際に唐が倭国侵攻計画を立てていたことを窺(うかが)わせる史料が『三国史記』にあります。

そして、唐軍が上陸・占領していたら、大変なことになっていたでしょう。中国には、自国の都合で強制的に民衆を地域単位で移住させる「徙民(しみん)政策」があります。「この村の人間は全員朝鮮半島に移れ」「朝鮮のこの村は全部、倭国に移住しろ」など、民族大移動になっていたかもしれないのです。

しかし、実は大王天智（当時は中大兄皇子）と中臣鎌足は、白村江の戦いで負けても構わないと考えていたのではないか。

その前提に、負けても唐軍は攻めてこないという読みがある。そして、「『唐軍が攻めてくるぞ』と言えば、国内をまとめることができるだろう。負けても、『倭国軍にも被害があったが、唐軍にも被害があった』と言い張ればよい。しかも、反抗的な豪族たちが討死にすれば、厄介払いもできる」という思惑があったかもしれません。

唐に勝つことを想定するほど、大王天智は愚かではなかったと思います。泗沘の占領軍を破ったとして、その後に唐の援軍が来ないと思っていたほど能天気な人物ではないでしょう。特に、中臣鎌足がついていますから、倭国軍が負けた場合にどうなるか、さまざまなシミュレーションをしていたはずです。

このようなスケールが大きく冷徹な人物は、日本の歴史にはほとんど登場しませんが、あえて挙げるなら、大王天智と中臣鎌足、そして持統さま、あえて加えれば西郷隆盛でしょう。

大王天智に比べると、天武天皇は俗っぽく、小人物という感じがします。中臣鎌足は、策士という印象が強いです。里中さんの作品のキャラクターのイメージからですけど（219ページのイラスト2）。

唐にしてみれば、旧百済の反乱の背後には高句麗もいたので、なかなか倭国にまで攻め入る踏ん切りがつかなかったと思います。前述のように、犠牲を払って占領しても大したものが手に入るわけでもなく、これ以上逆らわなければ、放っておくのが得策と判断したかもしれません。

しかし倭国側が、唐の水軍が来ていたことを知らなかったというのは、いかにも読みが甘い。その結果、多数の犠牲者を出したわけです。

中大兄皇子らが、国をまとめるためにはこの程度の犠牲はしかたがないと考えていたのなら、相当イヤな奴です。父親の血を受け継ぐのは娘だとよく言われますが、そうだとすれば、持統天皇も同様かもしれません。

国のかたちが変わった——里中

白村江の戦いを機に、日本では国のかたちが変わりました。

敗戦が国内でどのように受け止められたのかは十分にわからないところがありますが、「わが国は今、国難にある。このままだと国が消滅する」という危機意識が起爆剤となって、律令体制の構築に役立ったのは事実です。

イラスト2 中臣鎌足は策士!?

中臣鎌足(左)が中大兄皇子(右)を操ったのか、中大兄皇子が中臣鎌足を操ったのか。『天上の虹』より　©里中満智子

外国との戦争でもないと、唐に倣った近代国家になろうとしても、なかなか皆ついて来なかったでしょう。豪族は土地を手放さなければならないわけですから、普通なら嫌がります。でも、国が滅びるかもしれないとなると大抵のことは我慢するし、場合によっては自分の命すら投げ出します。

転んでもただでは起きないと言うと、言葉が悪いかもしれませんが、この敗戦が近代国家に作り変えていく推進力になったのです。

そして、白村江の戦い以後、自分たちを外から見る——唐から見れば倭という国であり、大王を中心にひとつにまとまる——意識が高まったと思います。

「日本国」意識の醸成――倉本

白村江の戦いにおける敗戦を機に、倭国は国内の体制を固めます。遣唐使から百済滅亡時の様子を聞いていますから、倭国も百済のようになったら困るという危機意識から、権力を集中させ、国防体制を整えたのです。

ところが、天武五（六七六）年に新羅が唐軍を撤退させて朝鮮半島を統一、七世紀末～八世紀初頭の持統・文武天皇の時代には、戦争が起こる可能性はほとんどなくなりました。つまり、多数の兵士も、重い租税負担も必要なかったのです。

ならば、平和が訪れた時点で方針転換すればよかったのですが、それをしませんでした。国を挙げての事業はいったんスタートするとなかなか止めることはできませんし、国づくりのモデルとなる文明国が唐以外になかったので、唐を目指すしかなかったという事情もありました。

これは、明治時代も同様です。多くの農民たちが兵隊に取られてアジアに派兵されました。江戸時代までは武器を取って戦うのは武士であり、農民は田畑を耕（たがや）していればよかった。しかし、明治以後は農家の次男・三男が兵隊となり、大陸に派兵されたのです。

さて、古代の人たちは、どこまで「日本国」を意識できていたのでしょうか。大宝元（七〇一）年制定の大宝律令では、国・郡・里の三段階の行政区画に編成されました。しかし、農民たちの意識としては、自分たちの生活範囲である郡が限度でしょう。郡から日本列島全体までには、ものすごい飛躍があります。

はるか後年の幕末ですら、薩摩藩、土佐藩など藩が単位であり、そこから日本という意識を持てたのは、志士たちですら少数派でした。彼らにとっても、「お国」というのは藩のことだったのです。この間、中世には元寇がありましたが、九州に所領のある幕府の御家人たちが戦ったのであって、国全体が戦ったわけではない。関東や東北の人たちにとっては、身近な危機ではありませんでした。

そう考えると、白村江の戦いの敗戦後、豪族たちの間に一時期とはいえ、「日本国」意識を浸透させたのはすごいことです。

日本は戦争をしない国――倉本

古代の日本が外国との間で存亡の危機を迎えたのは、白村江の戦いなど幾度かにすぎず、それ以外は平和で、のほほんとした歴史になっています。日本が経験した戦争を、順に見てみましょう。

まず、四世紀末から五世紀はじめにかけて、高句麗との戦いがありました。これは高句麗の好太王碑（こうたいおうひ）に書かれているもので、四〇〇年と四〇四年に戦われました。その前段階で、新羅の都（みやこ）を占領していたとあります。

次に、『日本書紀』には六世紀の新羅との戦いを記録していますが、これはおそらく造作（ぞうさく）記事だと思います。

その次が、天智二（六六三）年の白村江の戦いです。つまり、高句麗との戦いから二六〇年間、平和な時代が続いたということです。当然ですが、当時の人々に過去の戦争の記憶はありません。記録もなかったでしょう。だから、どうやって戦うかといった戦争のノウハウもありません。

ちなみに、白村江の戦い以後、日本による対外戦争は、豊臣秀吉が朝鮮に出兵した文禄・慶長の役（一五九二〜一五九三・一五九七〜一五九八年）までありません。この間、新羅の入寇（八〜十世紀）、刀伊の入寇（一〇一九年）、元寇（一二七四・一二八一年）、応永の外寇（一四一九年）がありますが、これらは対外戦争とまでは言えませんから除きます。

さらに、秀吉の朝鮮出兵後は、一八九四年の日清戦争までありませんでした。世界の文明国のなかで、これほど戦争をしていない国は珍しい。

その理由を考えると、まず島国であることが挙げられます。島国という条件は、日本の歴史を特徴的たらしめている最大要因のひとつです。

最近では、島国であることが最新技術や経済発展から取り残された原因であるとして、生物が独自の進化を遂げたガラパゴス諸島に擬えた言説など、悪い意味にばかり使われています。しかし、島国は外国が攻めて来にくい、逆に言えば、日本も外国に攻めて行きにくい環境でもあるのです。

しかも、古代から中世の日本は、外国から来た人たちに非常に親切でした。古代末期から中世にかけて、博多には「唐坊」と呼ばれたチャイナタウンがありました。渡来した中国人たちが暮らし、日本人との間での婚姻も進んでいます。

日本軍と戦った元も明も、その後は勢力が衰えて滅亡しています。白村江の勝利のあと、唐が日本に攻めてこなかったのも、そのあたりに理由があるのではないか。

中国から遠からず近からず、ちょうどいい距離の島国だったために、文明が流入するいっぽうで、戦争がほとんど起こりませんでした。その僥倖を単純に喜んでいいのか悪いのかはわかりませんが、おたがいに禍根と甚大な被害をもたらす対外戦争がきわめて少なくてすんだことは確かです。

このように、前近代で三回しか外国との戦争をしていない日本が明治以後、台湾出兵（一八七四年）、日清戦争（一八九四～一八九五年）、北清事変（一九〇〇～一九〇一年）、日露戦争（一九〇四～一九〇五年）、第一次世界大戦（一九一四～一九一八年）、シベリア出兵（一九一八～一九二二年）、満州事変（一九三一～一九三三年）、日中戦争（一九三七～一九四五年）、ノモンハン事件（一九三九年）、太平洋戦争（一九四一～一九四五年）と、戦争に次ぐ戦争をしたのはなぜか。

これは、日本人全員が真剣に考察すべき問題でしょう。

激しい抵抗と従順さ――里中

太平洋戦争では敗色濃厚となった時期、情報統制が厳しかったため、アメリカに負けたら男は皆殺し、女は強姦されると、多くの日本人が本気で思っていました。私の母親もそのひとりです。

そして、最後まで戦って玉砕するのが国是でした。両国間でどのような外交的駆け引きが行なわれているのか、国民はまったく知らされていないので、命じられた通りに戦うしか選択肢がなかったのです。

しかし、負けたとわかった時から虚脱状態になり、アメリカ軍にほとんど抵抗しませんでした。普通ならゲリラ戦が始まるわけで、アメリカ軍は日本人が「一億玉砕」で何かしかけてくるのではないかという緊張感で上陸しました。

道の両側に立って警備している日本の警察官たちは沿道の日本人のほうを向いているものの、振り返ってアメリカ軍に危害を加えるのではないか、またはゲリラが襲撃してくるのではないか、とビクビクしていたようです。ところが、日本は不思議な国で、何も起こりませんでした。世界史上稀に見る無血占領です。

沖縄戦などで激しい抵抗を見せた日本人が本当なのか、アメリカ軍の前で従順な日本人が本当なのか、アメリカ人は不思議に思ったでしょう。たぶん、どちらも日本人の姿なのだと思います。

戦争中、政府は「負ける時は国が滅びる時」とさんざん煽りましたが、国民のなかに、本気で一億玉砕を覚悟した人がはたしてどれくらいいたのか。国体（国家の形態、当時は天皇制を元にした秩序）とは国の芯であると教育されていたので、国体を喪失したら滅びると思っていた人は多かったかもしれません。

当時、明治維新後に生まれて教育を受けた世代が、二代・三代目になっていました（太平洋戦争の敗戦は明治維新から七七年後）。二世代を経ると、それ以前の常識や情報が伝わりづらくなり、新たに受けた教育だけが体に沁み込んでしまいます。

そこが、教育の恐ろしいところです。このことは、戦後七〇年以上を経た現在、改めて噛み締める必要があると思います。

経験不足をどう補うか——倉本

日本は太平洋戦争に負けてアメリカ軍に占領されるまで、他国の軍隊に占領された経験がありませんでした。皆殺しにされるのか、あるいは植民地として支配されるのか。経験がないから、どうなるのかわからない。だから、言い知れぬ恐怖を感じていたと思います。

ヨーロッパでは、国家間の外交交渉が行き詰まった際に戦争を行ない、勝った側が有利な講和を結ぶのが普通です。つまり、ヨーロッパ諸国は戦争ばかりやっているので、外交交渉や、その一環としての戦争にも慣れている。

いっぽう、日本は前述のように、明治以前には外国に攻められたことも、外国を攻めたこともほとんどありません。明治以後も、戦争に勝利したうえでの外交交渉しか経験がなく、太平洋戦争以外、敗戦を前提とした外交交渉をしたことがない。このように、経験が少ないから、不安も大きいのです。

また、日本はいざとなった時の緊張感が希薄です。今だって空から弾道ミサイルが落ちてくることしか頭になく、国境を越えて軍隊が攻め込んでくるという意識はないでしょう。太平洋戦争末期におけるアメリカ軍の沖縄上陸が、唯一の地上戦の経験です。今の自衛隊も、敵が上陸してきた時の水際（みずぎわ）作戦を重点に訓練しているように見えます。

このように、日本は戦争が少なかったので、戦国大名の城攻めみたいなイメージで戦争を捉えているところがあります。戦国時代は戦いに負けると、城中の財宝が略奪されたり、婦女子が乱暴されたりしたので、アメリカ軍の占領時にも同じような事態が起こると考えたのかもしれません。

戦後七〇年を経て、日本人が太平洋戦争時のような抵抗をするとはとても思えませんが、もしかしたら、周りの国は今でも過去の日本のイメージと重ねているかもしれません。

日本人の怖さ――里中

大陸や朝鮮半島との間に海が存在したために、日本が滅亡しなかったことは確かですが、世間知らずでヌクヌクと生きてきた負の側面も否定できません。

経験が乏しく想像力が欠如しているから、極端に走ってしまうのです。アメリカ軍が上陸してきたら、玉砕して死ぬものだと思い込む。玉砕を前提にするから、敗戦までは激しい抵抗を繰り広げる。世界からは、相当気持ちの悪い民族という印象を持たれたかもしれません。

日本人は一度拳(こぶし)を振り上げると、矛(ほこ)を収めることを知らない性質があり、追い詰められた時に何をし出すかわからない。私は日本人ですが、これほど怖い民族はないと思います。

日本人は現在、その気になれば核兵器くらい作れると思っています。そのいっぽうで、できるけれどもやらないと決めているところもあります。自分たちくらい、平和的な国民はないと思っている。

しかし、周りの国はそう見ていないかもしれません。古代から近世までの戦争をしない日本よりも、近代以降の戦争が多かった日本のイメージで、今も見ているかもしれません。

ここは、外交手腕の見せどころです。白村江の戦いの時、日本のリーダーたちは日本の強さをどうアピールするかを考えましたが、現在の日本のリーダーたちも同様です。すなわち、日本の強さをアピールするのか、平和的なところをアピールするのか、その両方か。はたしてどれが日本の安全保障に寄与するか、考え抜いてほしい。少なくとも、戦後七〇年以上も、戦争をしていない国であることを上手に伝えてほしいと思います。

私たちは戦後教育で、日本の文化は古代より、大陸から朝鮮半島を経て伝えられたと教えられてきました。いっぽうで、東南アジア諸国の独立には多少役立ったかもしれないが、戦前に中国や韓国に攻め入り、東南アジアに進出したのは日本の思い上がりだったとほぼ全否定されました。

ですから、古代の一時期、日本が新羅を服属させていたことを述べると、偏向した考えだと言われそうな気がします。しかし、現代の視点のみで、過去を眺めるのは大変危険だと思います。

ひとつ言えるのは、日本人には昔から海の外への憧(あこが)れや尊敬の念があり、意外に根強く残っている。時代は変わっても、それだけは変わらないと思います。

歴史を見つめる――倉本

律令国家のリーダーたちは、国史『日本書紀』の記述を信じていました。私たちにとって『日本書紀』は歴史史料ですが、当時の人たちにとっては正史であり、いやしくも律令官人たる者、疑ってはいけないわけです。

『日本書紀』や律令の註釈書の記述を見ると、中国は隣国として、新羅や渤海は日本に朝貢する蕃国として設定されています。

『日本書紀』における朝鮮諸国については、故・鬼頭清明先生（東洋大学教授）が解明しましたが、それによると、高句麗は神の子であり、尊重すべき国として描かれています。「内官家」と呼んだ百済は、もともと倭国の朝貢国だったとされています。これは歴史的な背景があり、百済のほうから外交や援軍派遣を申し出ていますから、朝貢国と見たのでしょう。

新羅は百済と異なり、日本が戦いによって征服した朝貢国となっている。これは、神功皇后の「三韓征伐」説話を指しているのでしょう。そして任那は日本の屯倉、つまり直轄地として設定されている。

問題は、倭国が一時期、新羅を占領した事実を、統一新羅にまで適用していることです。四世紀の新羅はとても弱く、高句麗の属国でした。この時代に、倭国が新羅を占領したことがあります。その後、新羅は勢力を拡大し、天武五（六七六）年に朝鮮半島を統一しました。その巨大な統一新羅を、日本国に服属すべき朝貢国であると見なすのは誤った認識です。

ただし、この認識は荒唐無稽のものではなく、中国も時々認めてきましたし、『日本書紀』における「任那」や新羅も日本に調を貢いだことがあるため、律令国家のリーダーたちは朝鮮諸国を朝貢国だと認識してしまったのです。

その後、高句麗の後継者を自任する高麗が、九三六年に朝鮮半島を統一しますが、日本の平安貴族は高麗を新羅の後継と見なしています。これだと、高麗も日本に服属すべきであるという発想になる。一三九二年に成立した李氏朝鮮に対しても同様です。

日本の知識人の多くは『日本書紀』を読んできました。たとえば、幕末の吉田松陰は「三韓征伐」に触れています。

また、各地の『風土記』に記された伝説のなかにも、『日本書紀』の記述が民衆に浸透していることを示す説話が見られます。たとえば、出雲の国引き神話は、領土を引っ張ってきたのではなく、相手国が朝貢していることを表現したものであると思います。

人間は自分に都合のいいことは信じやすいし、自分が相手より上であると思いがちです。日本人は『日本書紀』を読むことで、日本のほうが朝鮮より上であるという意識を植え込まれてきたのかもしれません。つまり、日本人の心のなかには、通奏低音として「朝鮮半島は日本に服属すべき朝貢国」という意識があるのではないか。

これは、戦後の価値観からはまったく逆のことでもあり、冷静に考えないといけませんが、古代の日本人が戦後教育のような捉え方をしていなかったことは確かです。

ただし、自国が周りの国に対して優越しているという意識は、日本だけではなく、イギリスでもフランスでもスペインでも、世界中どこでも言えることです。

そして、強大な力を持った国は「帝国」を名乗り、周りの国より優れていることをアピールします。地中海沿岸を支配した古代のローマ帝国にしても、七世紀以後に西アジアからヨーロッパ、北アフリカまでを支配したサラセン帝国にしてもそうです。中国の場合、お国自慢が巨大化した向きがありますが、やはり帝国になりました。

その帝国が周りの国にどのような影響をおよぼすかが、世界史をつくってきたのだと思います。私たちは、そういう帝国の周辺国の位置から世界史を見ていますけれども、中国には中国の、朝鮮には朝鮮の、ベトナムにはベトナムの発想があるのです。

日本の歴史の流れは、世界各国の歴史の流れと同じではありません。日本と諸外国が、まったく同じ歩みを辿っているという発想は危険です。だからと言って、日本だけは違うと言っても、あまり意味がありません。

自国の歴史を、そして各国の歴史を冷静に見つめ、考えていく必要が、それぞれの国にあります。それこそが歴史に向き合う、正しい唯一の姿勢だと思うのです。

おわりに――里中満智子ファンとして

倉本一宏

里中満智子さん（最初の打ち合わせで「さん」と呼び合うことに決めたので、こう呼ばせていただく）をはじめて知ったのは、今から三〇年以上も前のことである。

年齢はそれほど違わなくても、里中さんは高校生の時にデビューされているし、本の売り上げやマスコミへの露出度がまったく違う。下積みの長かった（今でも下積みみたいなものであるが）私とは、世に出られた時期が全然違うのである。

私はいわゆる「少女漫画」を読まないので、『天上の虹』がはじめてだったのであろう。『天上の虹』は一九八三年に連載が始まっているが、この一九八三年は、私が三月に学部を卒業して四月に大学院修士課程に入学、八月に結婚した年にあたる。おそらくは妻の宜子が新居に持ち込んだ本のなかに、コミックス『天上の虹』があったのだろう。

いや、『天上の虹』を読むよりも前に、里中さんの名前を知っていた。あれはそう、水島新司さんの『野球狂の詩』の連載（一九七二～一九七七年）初期に、それまでの水島さんの漫画に出てくる女性とは違って（失礼）、やけに綺麗な女性が登場した。それを描かれたのが里中さんであったことから、お名前を知ったのであった。確か、リリーフ投手とファンの女性の恋愛話だったように記憶している。いかつい投手が、華奢な女性を大事な右肩に乗せたラストシーンを、今でも覚えている。

その後の水島さんは女性の描き方が格段にうまくなり、『あぶさん』のサッちゃん（桂木サチ子、のちの景浦サチ子）や山本麻衣子、『野球狂の詩』の水原勇気など、里中さんの画風に強い影響を受けた美女を生み出していった。『ドカベン』の投手・里中智もその変形であろうか（里中智の名前は、里中さんからつけたことを最近知った。里中満にしなかったのは、『巨人の星』の花形満がいたからだろうか）。

里中さんとはじめてお会いすることができたのは、二〇一三年二月十四日のバレンタインデーに放送された、NHK・BSプレミアムの番組「BS歴史館 壬申の乱～古代史最大の内乱が日本を築いた⁉」のスタジオであった。『天上の虹』の最新刊を持って行き、サインをいただいたことを覚えている。

収録では、番組スタッフが、江戸時代に描かれた天武天皇や持統天皇の肖像画を放送で使うと言い出し、私が「これを使うくらいなら、『天上の虹』の絵を使ったほうがよほどいい」と反対した。里中さんは事務所に電話してくれて、急遽、セル画（の大きなコピープリント）を用意してくださった。コミックス『天上の虹』のカバーの絵だったのであろうか。

収録が終わったあと、司会の渡辺真理さんと分け合って、それをいただいた。今でも一枚は自宅のリビング、一枚は職場の研究室のドア、一枚は職場のプロジェクト室のドアに、それぞれ貼ってある。職場では年に一回、一般公開を行なっており、来場された方に所内案内をしているが、私の研究室の前を通る時は、いつも皆さんが驚かれる。

というわけで、私はただの里中さんファンなのである。今回、偉そうに対談なんかを行ない、「さん」なんて呼び合う立場ではない。まあ、あれから齢を重ね、その間ひたすら古代の史料を読み続けてきたので、多少のご褒美といったところか。壬申の乱や持統天皇に関する本を書いたこともあるので、その甲斐もあったというものである。

本書は、朝日カルチャーセンター横浜での対談がご縁となって、誕生した。さらに、名古屋の栄中日文化センターでの対談、祥伝社内での対談と続いた。

横浜で司会をしてくださった川田真由美さん、名古屋で司会をしてくださった荻正人さん、両会場を埋め尽くした満員の受講生の皆さん（特に三重県尾鷲市から名古屋までタクシーで駆けつけてくれた親類の松永敏さん・知佐子さん）、本書の企画をしてくれた祥伝社の飯島英雄さん、対談をうまくまとめてくれたライターの瀧井宏臣さん、校正を手伝ってくれた総合研究大学院大学（総研大）の龔婷さん、そして何より、私に『天上の虹』を読むきっかけを作ってくれた倉本宜子に、この場を借りてお礼を申し上げます。

二〇一八年四月

切りとり線

★読者のみなさまにお願い

この本をお読みになって、どんな感想をお持ちでしょうか。祥伝社のホームページから書評をお送りいただけたら、ありがたく存じます。今後の企画の参考にさせていただきます。また、次ページの原稿用紙を切り取り、左記まで郵送していただいても結構です。

お寄せいただいた書評は、ご了解のうえ新聞・雑誌などを通じて紹介させていただくこともあります。採用の場合は、特製図書カードを差しあげます。

なお、ご記入いただいたお名前、ご住所、ご連絡先等は、書評紹介の事前了解、謝礼のお届け以外の目的で利用することはありません。また、それらの情報を6カ月を越えて保管することもありません。

〒101-8701（お手紙は郵便番号だけで届きます）
祥伝社新書編集部
電話03（3265）2310
祥伝社ホームページ　http://www.shodensha.co.jp/bookreview/

★本書の購買動機（新聞名か雑誌名、あるいは○をつけてください）

＿＿＿＿新聞の広告を見て	＿＿＿＿誌の広告を見て	＿＿＿＿新聞の書評を見て	＿＿＿＿誌の書評を見て	書店で見かけて	知人のすすめで

★100字書評……古代史から読み解く「日本」のかたち

名前

住所

年齢

職業

倉本一宏　くらもと・かずひろ

国際日本文化研究センター教授、総合研究大学院大学教授、博士（文学）。1958年三重県津市生まれ。東京大学文学部国史学専修課程卒業、同大学院人文科学研究科博士課程単位修得退学。専門は日本古代政治史、古記録学。著作に『壬申の乱』『藤原道長の日常生活』『蘇我氏』『戦争の日本古代史』『藤原氏』など。

里中満智子　さとなか・まちこ

マンガ家、大阪芸術大学教授。1948年大阪市生まれ。高校在学中に『ピアの肖像』でデビュー（第1回講談社新人漫画賞）。『あした輝く』『姫が行く！』で講談社出版文化賞、『狩人の星座』で講談社漫画賞、全作品および活動に対して文部科学大臣賞を受賞。著作に『アリエスの乙女たち』『天上の虹』など。

古代史から読み解く「日本」のかたち

倉本一宏　里中満智子

2018年5月10日　初版第1刷発行
2018年7月25日　第2刷発行

発行者……………辻 浩明
発行所……………祥伝社しょうでんしゃ
〒101-8701　東京都千代田区神田神保町3-3
電話　03(3265)2081(販売部)
電話　03(3265)2310(編集部)
電話　03(3265)3622(業務部)
ホームページ　http://www.shodensha.co.jp/

装丁者……………盛川和洋
印刷所……………萩原印刷
製本所……………ナショナル製本

Printed in Japan　ISBN978-4-396-11535-7　C0221

〈祥伝社新書〉
古代史

370
神社が語る古代12氏族の正体
神社がわかれば、古代史の謎が解ける！
歴史作家
関 裕二

415
信濃が語る古代氏族と天皇
日本の古代史の真相を解く鍵が信濃にあった。善光寺と諏訪大社の謎
関 裕二

469
天皇諡号が語る古代史の真相
天皇の死後に贈られた名・諡号から、神武天皇から聖武天皇に至る通史を復元
関 裕二 監修

456
古代倭王の正体
海を越えてきた覇者たちの興亡
邪馬台国の実態、そして倭国の実像と興亡を明らかにする
古代史研究家
小林惠子

525
聖徳太子の真相
倭王・聖徳太子は、なぜ天皇として歴史に残されなかったのか
小林惠子

〈祥伝社新書〉
「江戸散歩」シリーズ

161
《ヴィジュアル版》江戸城を歩く
カラー写真と現地図・古地図で親切に解説。歴史散歩に今すぐ出かけよう
歴史研究家 黒田 涼

240
《ヴィジュアル版》江戸の大名屋敷を歩く
あの人気スポットも大名屋敷の跡地だった。13の探索コースを紹介
黒田 涼

280
《ヴィジュアル版》江戸の神社・お寺を歩く［城東編］
寛永寺、浄閑寺、富岡八幡宮、水天宮ほか、訪れる優先順位つきで紹介
黒田 涼

281
《ヴィジュアル版》江戸の神社・お寺を歩く［城西編］
泉岳寺、品川寺、日枝神社、鳩森八幡ほか、武家屋敷も多い山の手地域を歩く
黒田 涼

468
《ヴィジュアル版》江戸の街道を歩く
東海道、甲州街道、青梅街道、日光街道、大山道、所沢道など全16コース
黒田 涼

〈祥伝社新書〉
近代史

377
条約で読む日本の近現代史
日米和親条約から日中友好条約まで、23の条約・同盟を再検証する
自由主義史観研究会 編著
藤岡信勝

411
大日本帝国の経済戦略
明治の日本は超高度成長だった。極東の小国を強国に押し上げた財政改革とは
ノンフィクション作家
武田知弘

472
帝国議会と日本人 なぜ、戦争を止められなかったのか
帝国議会議事録から歴史的事件・事象を抽出し、分析。戦前と戦後の奇妙な一致!
歴史研究家
小島英俊

357
物語 財閥の歴史
三井、三菱、住友をはじめとする現代日本経済のルーツを、ストーリーで読み解く
ノンフィクション作家
中野 明

448
東京大学第二工学部 なぜ、9年間で消えたのか
「戦犯学部」と呼ばれながらも、多くの経営者を輩出した〝幻の学部〟の実態
中野 明

〈祥伝社新書〉
昭和史

460
石原莞爾の世界戦略構想
希代の戦略家にて昭和陸軍の最重要人物、その思想と行動を徹底分析する
日本福祉大学教授 川田 稔

344
蔣介石の密使 辻政信
二〇〇五年のＣＩＡ文書公開で明らかになった驚愕の真実！
近代史研究家 渡辺 望

429
日米開戦 陸軍の勝算
「秋丸機関」の最終報告書
「秋丸機関」と呼ばれた陸軍省戦争経済研究班が出した結論とは？
昭和史研究家 林 千勝

332
北海道を守った占守島の戦い
終戦から3日後、なぜソ連は北千島に侵攻したのか？ 知られざる戦闘に迫る
自由主義史観研究会理事 上原 卓

392
海戦史に学ぶ
名著復刊！ 幕末から太平洋戦争までの日本の海戦などから、歴史の教訓を得る
元・防衛大学校教授 野村 實